ヴァイオリン Basics
ベーシック

いつでも学べる基本練習 300

Basics
By Simon Fischer

300
exercises and
practice routines
for the violin

サイモン・フィッシャー 著
Simon Fischer

木村恭子、勅使河原真実 共訳
Kyoko Kimura, Mami Teshigawara

音楽之友社

BASICS by Simon Fischer
Edition Peters No.7440
© Copyright 1997 by Peters Edition Ltd., London for all countries of the world
All rights reserved

Music-setting by Maud Hodson and Tina Jones
Photographs by Derrick Witty

Japanese translation rights arranged with Peters Edition Limited, London
through Tuttle-Mori Agency, Inc., Tokyo

Index
目　次

序　文	VI
参考文献	VII
感謝の言葉	VII
本書の使い方	VIII

Part A　右腕と右手　1

弓を持つ手　1
- 親指の対圧　1
- 親指と中指　2
- 親指の柔軟性　3
- 小指でバランスをとる　3
- 握りしめずに弓を持つこと　4
- 手全体のバランス　5
- 弓に対する手の柔軟性（指弓）　6
- 指の垂直運動と水平運動　7
- 指だけが動くことを確認する　9
- 弓の返し　9
- 弓の角度　10
- 手の動き　10

弓を弦に吸いつけるための重み　12
- 腕の重み　12
- 手の重み　14
- 右手全体に重みを分散させる　14
- 引く弓と押す弓　15

下腕、上腕の動き　15
- 下腕（肘から下）の回転　15
- 上腕（肘より上）の動き　16
- 肘を上げることについて　17
- 移弦の準備　18

長くゆっくり保つ弓　18

駒に平行な弓　20
- 身体に対するヴァイオリンの角度　20
- 弓に沿わせた手の動き　20
- 弓の四分割　21
- 弓の二分割　22
- 弦に対する弓の角度　22
- 空中での速い全弓　24
- 速く、短い弓での場所の移動　24

回転運動と移弦　25
- 7種類の弓の角度　25
- 回転運動　27
- 同一弦上での円運動　31
- アクセントを付けた移弦　32
- 音階における移弦　33

Part B　音をつくる　35

弓と弦との接点　35
- 床に対する楽器の傾きと角度　35
- 弓の張力　35
- 弦の張力　36
- 共　鳴　37
- 弓の傾き　38
- 真のレガート　39
- 発　音　40

5つのサウンドポイント　41
- サウンドポイントの練習：全弓で　42
- サウンドポイントの練習：短い弓で　43
- サウンドポイントの練習：使う弓の長さを変えて　43
- サウンドポイントを変えること　44
- 異なるサウンドポイントで、同じスピードで　45
- 異なるサウンドポイントで、同じ圧力で　46
- 各サウンドポイントでのリズム練習　46

弓の速さ　48
- 速度練習　48
- 色々なサウンドポイントにおける速度練習　49
- 分散3度の速度練習　50
- 不規則な速度練習　51

弓の圧力　54
- 弓圧の練習　54
- 色々なサウンドポイントにおける弓圧練習　56

音階を使った弓圧練習	57
弓圧と弦長との関係	57

Part C 主要なボウイング　59

デタシェ	59
均一な速さと圧力	59
なめらかな弓の返し	60
デタシェからマルトレへ	61
ポルタート	61
コ　レ	62
準備練習	62
マルトレ	63
弦を捕らえる	63
指の動き	63
弓の持ち方	64
スタッカート	64
曲線運動	65
マルトレを基とするスタッカート	66
移　弦	66
トレモロ練習	67
音　階	68
クロイツェル《42のエチュード・カプリス第4番》	69
コレスピッカート	69
スピッカート	70
自然な弓のはずみ	70
縦と横の動きのバランス	70
移　弦	72
跳ばし弓	72
手と弓の動き	73
ソティエ	73
リコシェ	74
アルペッジョの跳ばし弓	76
おもなボウイングのパターン	78
和　音	86
重音での指を置くタイミング	86
声　部	86
スムーズな回転運動	87
長さを徐々に増やす	88

Part D 左　手　89

親指の対圧を弱める	89
親指の位置	89
準備運動	90
親指の独立性	91
弦上で指をころがす運動	91

上向きの対圧	92
指の付け根を広げる	93
指先の置き方と指の付け根について	93
指先の位置	94
反対方向への動き	95
指をすべらせる練習	96
指を広げる	97
左手の構え	98
4の指から下へ向かっての伸ばし	99
3度の手の形	102
指の圧力	103
指の独立	103
最小の圧力	104
音符間での解放	105
重音での圧力	106
指の動き	106
指の付け根からの動き	106
三つの準備運動	107
静かで軽い指の叩き	108
立てた指と寝かせた指	113
指を押さえておくこと	116
重複して押さえること	116
1の指を押さえておくこと	118
指の速い動き	119
上げる、落とす動きのタイミング	119
指を上げること	120
徐々に速さを上げる	121
ゆっくりなテンポでの指の速い動き	122
リズム	124
4の指	125
左右の手の調和	129
指の先導	129
指の準備	130
トリル	134
下の音の指の解放	134
1音1音の確立	136
方　向	137
リズム練習	138
音のグループ	139
指の伸ばしと縮め	140
伸ばし	140
縮　め	144

Part E シフト（ポジション移動）　145

'ゴースト' かすかな音	145
腕の動き	145

シフトの先導	146
親指の準備	146
指の先導	147
ゆっくりとした速さでの到達	148
1本指の練習	149
ゆっくりとした速さでの到達	149
音階とアルペッジョ	151
分散3度、4度など	152
半　音	153
半音のグリッサンド	155
メトロノームを使った練習	156
基本的なシフト	157
ロマンチックなシフト	158
コンビネーション・シフト	160
置き換えるシフト	162
置き換える指の使い方	162
下の音へのシフト	163
両方の指でのシフト	164
分散和音	166
メトロノーム練習	167
音　階	168
抜けてしまう音	168
指の置き換え	170
オクターヴと10度	173
オクターヴ	173
10　度	176
反復進行によるすべてのシフト	178
重　音	179

Part F　音　程　185

共鳴による振動	185
手と指の感触	186
手の位置の記憶	186
指と指との音程間隔	186
中間音	188
音程の規則	191
指使いのパターン	194
長3度と短3度	196
音階を正しい音程で弾くために	198
臨時記号と♮の関係	199
広い半音と狭い半音	201
重音の合わせ方	203
全音と半音の組み合わせ	204
単　音	204
重　音	206
3　度	208

同一弦上での反復練習	209
半音の反復進行	209
和声的反復進行	210
完全4度	212

Part G　ヴィブラート　215

柔軟性	215
第一関節	215
指の付け根の関節	216
円運動	216
手と腕の動き	217
指をすべらせる練習	217
軽く叩く練習	219
壁を使った練習	219
下腕の回転運動	220
緊張をゆるめる練習	221
フラジョレットへの指の解放	221
腕のヴィブラートでの手の'揺れ'	222
フラジョレットでのヴィブラート練習	222
スクロールを動かさないこと	222
上腕（肘より上）	223
速　度	224
様々な速度でのヴィブラート	224
ヴィブラート・アクセント	224
幅を変えずに速度を変える	225
ヴィブラートの幅	225
半音を分割する	225
指先と指の腹	226
速度を変えずに幅を変える	226
ヴィブラートの継続	227
指のゆっくりな動きの練習	227
揺　れ	228
音を出さない指の上げ下ろし	229
すべての指におけるヴィブラートの均一性	230
指の比較	230
ムラのない音程	230

総索引	232
譜例索引	236
著者プロフィール・本書について	237
この本を手にとってくださった皆様へ	238
訳者プロフィール	239

※ページは本文 Part A から1, 2, 3・・・・と付けられています

序　文

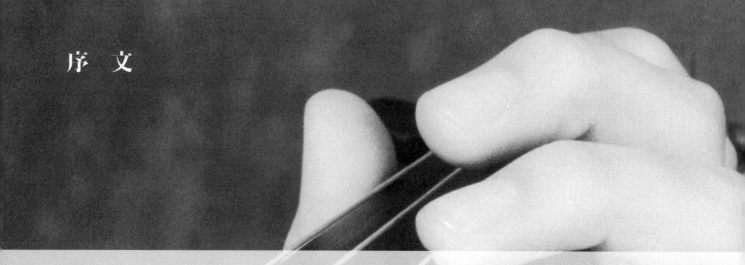

　すべてのヴァイオリニストにとって、腕、手、指の使い方はもちろん、音程、音質、リズム、発音、コーディネーション、リラクゼーションなどの、基礎テクニックに関する問題点は共通していますので、本書の練習はどのレベルの奏者にとっても役に立つことでしょう。

　ヴァイオリンの演奏は複雑で、一つのシンプルなフレーズを弾くためにも、いくつものテクニックを次から次へと素早く行わなければなりません。一つひとつの音は本質的に異なる方法でつくりながら、例えば、最初の音を弾くために弓を弦の上に置き、音の始まりで'噛む'。そして次の音では他の弦に向けスムーズな回転運動を行い、三番目の音を弾くために指を上げ、四番目の音ではポジション移動をする、といった具合です。

　一つひとつのテクニック（動き）は単純でも、同時に使おうとすると、とたんに難しくなります。'易しい'曲が易しいのは一度に使う動きが少ないからで、'難しい'曲が難しいのは、短時間に10や20もの動きが必要になるからです（最も'易しい'曲とは、たった一つの動作で演奏できる、開放弦で弾く1音のピッツィカートです）。

　テクニックをつくる数多くの動きは、いくつかの要素に分けられます。本書では最短の時間でテクニックを習得できるように、一つの練習で一つの要素を取り上げました。

　本書の練習は、色々な方法で使うことができるでしょう。まず、シンプルな動作を一つだけ、つまり'テクニック'を習得する方法として。次に、それを組み合わせたウォーミング・アップとして。三番目に、既に優れたテクニックを持っている奏者がそれを維持するための練習として。本書では、各テクニックを効果的かつ効率よく学べます。

　まず、的を射た練習で各テクニックを上達させた後、次のステップでは、音階、練習曲、曲などを使ってテクニックを組み合わせていきます。一つひとつを継続的に練習していけば、日々難しいと感じている問題点は消えていくでしょう。

　奏者にとって一番大切なことは、テクニックについて考えなくても演奏できるくらい、多くのテクニックを身につけることです。もし'どのように'弾くかを考えすぎると、ほとんど演奏することは不可能になってしまうでしょう。自動的に行っている日常の動作（歩く、話す、食べるなど）を意識的に行おうとすると、ぎごちなくなるのと同じです。子どもは'どのように'するかを無意識のうちにできるので、習得が速いのです。大人はもっと明確に、知識としてテクニックを自分のものすることで、本当に自由な音楽づくりができるようになります。

参考文献

　ここに記載された練習方法の多くは、何十年、何世紀にもわたり受け継がれてきたものですが、あまりにも幅広く使われてきたため、正確な由来を突き止めることは困難です。また、次の方法に従った練習も含んでいます。ガラミアン型の音づくり、カール・フレッシュの演奏の技法と基礎練習（ヨーストとドゥニスによって継承された）型による指の叩き、セヴシックまたはシュラディック型の指のパターン、ドゥニス型のシフトまたは指の動きの練習などです。

　また、典型的な練習方法に私が手を加えたものもあれば、私自身が考案したものもあります。古い歴史のあるヴァイオリンの分野では、新しいアイディアだと思ったものが実は以前から考えられていた奏法だったということもあります。私は学生の時に、静止した弓に沿わせて手を上下に動かす練習方法を'発明'しましたが（20ページの **36**）、ブルガリア人のヴァイオリン奏者は同じ練習方法をソフィアで15年前に習ったと言い、私も同じような練習方法を『ユーディ・メニューインの6つのレッスン』（Faber, London, 1971）、トルトゥリエの『How I play, How I teach』（Chester Music, London, 1975）でも見つけました。

　『The Strad Magazine』に掲載された練習もあります。一番最初の練習は、ドロシー・ディレイ先生に習った音をつくる練習です。本書の原稿を出版社に送る前に、ニューヨークのディレイ先生に電話をして、練習方法を盗むつもりはないが出版を許可してもらえるかどうかを尋ねると、彼女は笑って言いました。「心配しないで、私はそれをガラミアンから習ったし、彼はカペーから習ったのよ。遠慮しないで。一番大切なことはこれらの練習方法が広く知れわたることですよ！」

感謝の言葉

　ドロシー・ディレイ先生は私にインスピレーションを与えてくれただけでなく、この本を出す出発点となりました。長年にわたり心の支えと激励をくださったディレイ先生に心から感謝申し上げます。

　多くの友人や同僚にも感謝します。特に、草稿を試みたり目を通したりしてくれたエマニュエル・ハーヴィッツ氏はいつも有益なアドバイスをくれました。また、骨身を惜しまず練習方法や原稿を見直してくれたキーラ・ハンフリーズ氏とヴェロニカ・ワイズ氏。彼ら全員に感謝申し上げます。

　15年にわたって練習に磨きをかけるための'実験台'となって協力してくれた、すべての生徒たちにもお礼を申し上げます。彼ら無しには最終的な形を成さなかった練習方法もあったでしょう。

　最後に、我慢強く写真のモデルとなってくれたジェニファー・キングに感謝します。

本書の使い方

どの練習方法を使うか？
どのくらいの時間をかけて練習するか？
どのくらいの頻度で練習するか？

　すべての奏者にとって必要な練習はそれぞれ異なり、ある奏者にとって役立つ練習方法が、他の人にはあまり必要ない、ということもあります。本書は各奏者の必要性に応じて、様々な方法で使うことができるでしょう。

　練習はいくつかのカテゴリーに分類されています。
　シンプルに奏法を解明するための練習もあります（例えば、練習の①②⑥⑲(54)(55)など)。これらは常に練習を続ける必要はなく、ときおり復習すればよいのです。

　また、手や腕に新しい感覚（弓を持つ各指の感覚、指の上げ下げの感覚、弓をまっすぐ弾く感覚など）を与えることを目的とした練習もあります。ほとんどが90秒もかからず、短時間でシンプルにできる練習です（例えば、練習の③④⑤⑨(56)(89)(98)(128)）。

　多くの奏者が‘お気に入り’の練習方法を見つけたとしても、それを毎日練習しなければならないということではありません。テクニックをつけるための日々の練習、定期的な復習、うまくいっている機能を維持するための手軽な練習として、使うこともできます。

　その他、音階と同じように、テクニックを向上させるための密度の濃い毎日の練習もあります。このカテゴリーのおもな練習は、「音をつくる」「シフト」「音程とヴィブラート」です。繰り返し練習に取り組みましょう。

　本書を使うことで、日々の練習を効率よくできるようにもなります。例えば、音程の練習で手の形を整えられれば、次の練習では音程についての問題が少なくなり、時間の節約ができます。音程の練習に15分間を費やせば、曲の練習でかかるはずの2時間を半減することができます。シフトの練習にはすべてのパターンが含まれていますので、1回10分間の練習をするだけでも、その後のすべてのレパートリーの演奏がより確実になったと感じられるでしょう。奏者の中には、音程や音色のためだけに一日の練習を費やしてしまう人もいますが、そのような練習方法では演奏全体のレベルを上達させるまでには、とても長い時間を要してしまいます。

　本書は1冊を通して弾くのではなく、毎日、各セクションから一つを取り出して練習するという使い方もできます。練習は、30秒から30分かかるものまで様々ありますので、ご自分の必要性と練習に費やせる時間に応じて選んでください。

　練習するたびに、何を練習したかを記録しておきましょう。例えば、色々な調性で弾く練習（142ページなど）では、練習した調性に印をつけます。「音をつくる」練習では、‘A線の低いポジション’‘D線の高いポジション’などと書き留めておきましょう。

◎翻訳の凡例
本書では指の関節を、指先から第一関節、第二関節と呼びます。

Right Arm and Hand
Rechter Arm und rechte Hand
右腕と右手

Part A

弓を持つ手

1 親指の対圧

　右手の親指の対圧＝カウンター・プレッシャー（上の4本の指に対する下からの親指の圧力）は、弦に対する弓の圧力の加減や弓の使う位置によって変化します。元弓で弾く時は、親指はとても軽く弓に接し（それは非常に大きい音を出す時でも同じで）、先弓で弾く時は、親指は他の指の下向きの力にしっかりと対抗します。弓の使う位置が元でも先でも、対圧はそれぞれ最小限でなければなりません。

　対圧を無意識にかけられるようになると、スムーズに演奏できます。親指が硬くなる原因は対圧のせいではなく、対圧が必要ない時でも親指をゆるめないからです。

　弓に対して親指を45度の角度に置くと、（奏者から見て）親指の内側の先が弓に接し、親指の外側は毛箱の方を向きます。親指は反らないで、いつも丸みをおびていなければいけません。

　この練習では、弓の位置による対圧の変化を感じましょう。

写真1

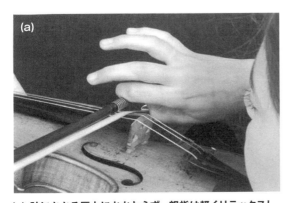

(a) 弦にかかる圧力にかかわらず、親指は軽くリラックスしています

(b) 先弓では親指の対圧は多くなります

1. 元弓で人差し指が弦の真上にくるように弓を置き、親指と人差し指だけで弓を持ちます（**写真1(a)**）。
2. ゆっくりとできるだけ深く竿に重みをかけます。弦に強い圧力がかかっても、親指は軽くリラックスさせておきます。
3. 弓を1cm弓先に向かって移動させます。そしてゆっくりとできるだけ深く竿に重みをかけます。親指への対圧が少し増えることを感じましょう。
4. 親指と人差し指だけで弓を持ったまま、1cmずつ動かしながら全弓にわたって弦に重みをかけます。親指にかかる対圧の度合いの変化を感じましょう。対圧が一番増えるのは先弓で弾く時です。
5. 通常の持ち方で、弓の色々な場所で弦に重みをかけ、親指にかかる対圧の度合いの変化を感じましょう。

2 親指と中指 73ページの「手と弓の動き」も参照。

弓は、親指と中指が手の中心にくるように持ちます。中指は親指のほんのわずか（奏者から見て）左側に置きましょう（**写真2**）。

中指と薬指の間に親指を置いてしまうと、親指の付け根を緊張させる原因となります（実際には弓を持たずに、弓を持つ手の形を作ってみましょう。親指をゆっくりと薬指の方へ動かします。親指が薬指の方へ近づくと、親指の付け根の筋肉が硬くなるのが分かります）。

親指を人差し指と中指の間に置いてもいけません。親指を中心に人差し指1本と他の指3本という形になってしまうとバランスが悪く、人差し指が下向きの圧力をかける時にも、人差し指が親指から離れているほうが大きな効果を生むからです。

写真2　親指と中指の関係

 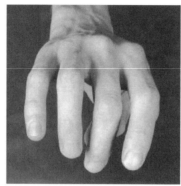 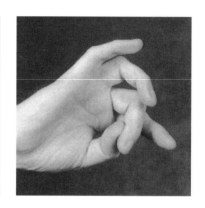

では、正しい弓の持ち方で次の練習をしましょう。指だけで弓の先を上げ下げします。手を動かさず、指だけが動くように、左手で右手を押さえます。左手の親指を右手の甲に、人差し指を手のひらに添えます。

1. 弓の先の方を持ちます（**写真3(a)**）。人差し指が弓の重みすべてを支えていることを感じましょう。
2. 人差し指を押し下げて、弓の元の方を持ち上げます（**写真3(b)**）。同時に小指が丸くなることに注意してください。下腕が動かないようにして、指だけで弓を動かします。
3. 人差し指の圧力をゆるめ、弓の元の方を下げ戻します。親指と中指を中心に、弓がシーソーのように動くのを感じます。連続した動きで何回も繰り返しましょう。
4. 弓の中ほどでは、人差し指の押さえる力が減ること、「ポイント・オブ・バランス[1]＝弓の重心がそろうポイント（重さの中心）」では、指のつり合いが取れること、通常の位置で持つと小指がすべての重みを支えることを感じながら練習を繰り返します。

写真3

この練習をするときは左手で右手を押さえておきます

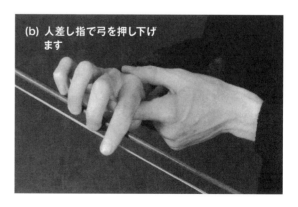

---

[1] 訳者注：4ページの脚注を参照。

③ 親指の柔軟性

すべてのボウイングにおいて、親指がほんのわずか無意識に動く（ほどリラックスしている）ことが極めて重要です。親指に力が入っていると右腕全体に悪影響を与えてしまいます。

1. 指板の近くで、軽く全弓で一つの音を弾きます。手も指もリラックスさせ、力をゆるめます。
2. 一弓（ひとゆみ）の間に10回以上、親指の曲げ伸ばしをします（**写真4(a)(b)**）。同時に他の指も曲げ伸ばしをします。
3. 弓の重みを深く弦にかけ、駒と指板の間で2.の動きを繰り返します。親指もその他の指も自由にリラックスさせておきます。
4. 最後に、駒の近くでしっかり重く弾きながら同じ動きを繰り返します。弓に多くの重みがかかっても、親指とその他の指は自由でいなければなりません。右肩もリラックスさせます。

すべての弦で繰り返します。単音と同じように重音でも行いましょう。

写真4

(a) 親指を曲げる

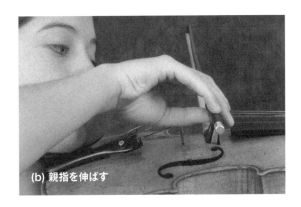
(b) 親指を伸ばす

小指でバランスをとる

元半弓を使います。弓の上にシーソーの力点になるように小指を置き、弦に対する弓の圧力をコントロールしながら弾いてみましょう。先半弓では、音が押し潰されないよう小指と人差し指とでバランスをとります[1]。小指でバランスをとることは、弓を弦から上げるすべてのボウイング（例えばスピッカート）でも重要です。

④ 【練習1】

通常の弓の持ち方で、弓先がやや左の肩の方へ向くようにします。親指は丸くリラックスさせます。

小指の通常の位置は弓の内寄りの角の上ですが、この練習では弓の真上に置きます。小指は常に丸く曲げておきます。

1. 弓先が右にくるように手を時計回りに回すと、弓の毛は竿の上にきます（**写真5(a)**）。
2. 反対回りにすると、弓は通常の位置に戻ります。弓の毛の間を空気が'シュッ'と音をたてて通るくらい速い動きで行います。弓のすべての重みが小指にかかるのを感じましょう（**写真5(b)**）。親指はリラックスさせておきます。

写真5

(a) 練習を始める準備状態

(b) 小指にすべての重みがかかっているのを感じます

---

[1] あるメソッドでは、先弓では小指を弓から離すべきであるといわれます。確かに腕が短い場合、小指を弓から離さないと（弓をまっすぐ弾くには）弓先まで届きません。小指を離す時は、人差し指に圧力がかかりすぎて音を潰してしまわないよう、よく注意しなければなりません。

A 右腕と右手

5 【練習 2】

通常の弓の持ち方で、弓先がやや左の肩の方へ向くようにします。親指は丸くリラックスさせます。

1. 親指と小指だけで、「ポイント・オブ・バランス」の少し下あたりを持ちます[1]（**写真6(a)**）。小指は竿の真上に置きます。
2. 小指を押し下げて弓先を持ち上げ（**写真6(b)**）、また弓先を元の位置に戻します（**写真6(a)**）。下腕は動かさないで指だけを使って弓を動かしましょう。連続した動きで数回繰り返します。
3. 手を数センチ元弓の方に近づけて繰り返します。手を少しずつ元弓に近づけて、通常の位置に到達するまで続けます。

写真6

(a) 練習を始める準備状態

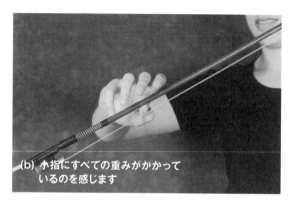
(b) 小指にすべての重みがかかっているのを感じます

握りしめずに弓を持つこと

指は常に弓の上で生き生きとしていなくてはなりません。弓の持ち方は、弾く時の状態に応じて常に微調整されています。脳が無意識のうちに、1音ずつ膨大なメッセージを指に送っているのです。この目に見えない変化は音楽を感じて起こる本能的な反応なので、教えられたり学習したりしてできるものではありません。この調整が自由にできるよう、弓を持つ時は過度に緊張しないように注意しましょう[2]。

pp のすぐ後にマルトレを弾くような場合、右手はかなり大きく慎重に修正できなければなりません。

6 【練習 1】

力強く弾く時には指は弓をしっかりと持ちます。時には締め付けるように（例えば、鋭く弦を噛むように発音するストロークの場合）。その他のストロークの場合は、弓を持つことや握ることよりもバランスを重視します。

弓をしっかりと持つことは必ずしも悪いことではありませんが、必要がなくなった時には力を解放します。過剰な緊張を避けるために大切なことは「バランス」であり、必要な時だけ弓をしっかりと持つことです。

1. 弓の毛の外側のエッジで弾くように弓を傾けます。竿の上の内側の縁に小指を置きます。中指と薬指を竿から離します（**写真7(a)**）。人差し指の腹に弓の重みがかかっており、小指と親指とでバランスをとっていることに注意してください。この3本の指が弓を支えています。もし一つでも欠けると弓は落ちてしまいます。この方法では、弓は手の中でバランスを保っているので、しっかりと弓を'持つ'必要はありません。
2. 中指を毛箱の上で、通常よりもやや親指の左側に置きます。そして人差し指を離します。すると、中指、小指、親指とでバランスをとることになり（**写真7(b)**）、弓の重みが中指にかかっているのを感じるでしょう。

---

[1] 「ポイント・オブ・バランス」＝弓の重心がそろうポイント（重さの中心）は、弓の真ん中よりも下にあります。なぜなら、弓の元は先よりも重いからです。これは、スピッカートや半跳ばしなどのボウイングにバランスよく、演奏しやすい位置です。

[2] 私たちの感覚は、刺激の強さや大きさに比例して鈍感になります。例えば、部屋の中に灯ったロウソクが2本あったとします。3本目を灯せば、明るさの違いはよく分かります。でも、もし50本のロウソクが灯っていたら、51本目を点けた時との違いは分かりにくいものです。
ヴァイオリンの弦を強く押しつけて弾くと、音色の変化に気づきにくくなります。うるさく弾けば弾くほど耳を傾けなくなります。より筋肉がリラックスしていれば、多様な動きをすることができるのです（Stephan Nachmanovitch『Free play-Improvisation in Life and Art』(Los Angeles,1990,63)。

3. 人差し指と薬指を弓の上に戻して、通常のようにすべての指で弓を持ちます。指で弓を握らず、それぞれの指で先ほどと同じような重さとバランスであることを感じてください。

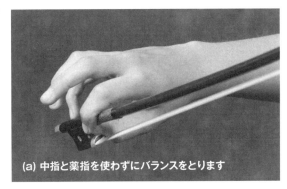

(a) 中指と薬指を使わずにバランスをとります

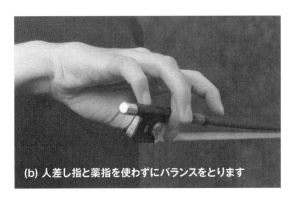

(b) 人差し指と薬指を使わずにバランスをとります

7 【練習 2】

写真8

指だけを使って弓先を動かします

弓をしっかりと持っても、指は自由でしなやかに動かなければなりません。この練習は指の動きだけで行います。弓の上に、人差し指と薬指の腹、中指の第一関節と、親指と小指の指先が置かれているのを感じましょう。指は思いどおりに自由に動かせなければなりません。

1. 弓を天井に向けて垂直に持ちます。
2. 指だけを使って弓先で円を描くように動かします（**写真8**）。弓をしっかりと持ち、できる限り指を大きく動かします。この時、確実に指だけの動きで行えるよう、右手を左手で持ってみましょう。
3. 次に弓を横にして弾く時の位置で同じように行います。
4. 今度は弓の毛が竿の上にくるよう、仰向けに倒して行います。

8 【練習 3】

- ゆっくりと全弓、$f\!f$ で数回弾きます。
- 上げ弓、下げ弓のストロークを続けながら、指だけで手を弓の真ん中へ、そして再び元へと竿を這わせます。

弓の真ん中のある位置より先へは指を這わせられませんが、できるだけ進んでください。手が弓の真ん中あたりまで行ったとしても、上げ弓で元まで弾きます。一番難しいのは、指を毛箱の方へ這わせて戻ることです。

9 手全体のバランス

元弓で、人差し指の第一関節あたりが弓に接すると（次ページの**写真9(a)**）、手が弓に対してやや直角になります。小指は弓の重さのバランスをとります。

先弓では、人差し指の第二関節あたりが弓に接し（**写真9(b)**）、手がやや斜めに傾き、小指から人差し指の方へバランスが移動します。

演奏する際、人差し指は次の二つの役割を持っています。

1. 人差し指の竿の上に触れる部分で、弦に重みを与えます[1]。f で弾く時以外は人差し指は軽く竿に触れ、元半弓ではほんのわずかに竿から離れます。
2. 人差し指が竿の側面に触れている部分は、弓をまっすぐに弾く役割を果たします。

竿の上での接点は、弓元では第一関節の近く、弓先では第二関節の近くというように変化しますが、竿の側面での接点は変わらないので、人差し指が

---

[1] 中指も弦に重みを与えます。そのためには、中指は親指に対してわずかに中心より左に位置されなければなりません（2ページ写真2を参照）。人差し指だけを使うよりも、人差し指と中指とで重みを分割したほうが、押さえ付けないまろやかな音色を生み出します。

一箇所に固定されているように感じます。

　手がとても小さい場合を除いて、先半弓で弾く時は小指を竿の上に置き、弓のバランスをとって人差し指に圧力がかかりすぎるのを避けます。弓元では人差し指は竿に対して直角に近く当たり（**写真9(a)**）、弓先ではより傾いて当たります（**写真9(b)**）。この動きがスムーズにできないと、全弓のストロークの際、中弓のあたりで弓が震えます。

写真9

(a) 人差し指の第一関節と第二関節の間が接しています

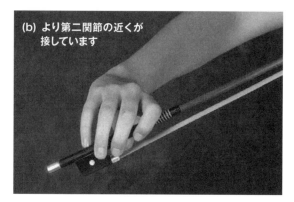
(b) より第二関節の近くが接しています

駒の近くで、全弓を使ってゆっくり ff で弾きます。

1. 人差し指を使わないで、元から弾き始めます（**写真10(a)**）。数センチ弾いたら人差し指を竿の通常の位置に下ろします。下げ弓で弾きながら小指を持ち上げ、薬指、中指と順番に離していきます。弓の先に到着する時には、人差し指と親指だけが弓に残ります（**写真10(b)**）。
2. 上げ弓では親指と人差し指だけで弾き始めます。中指、薬指、小指と順番に弓の上に戻し、人差し指を離して弓元に到着する時には人差し指以外のすべての指が弓の上に置かれたことになります。指を戻す時、正しい形で正しい位置に置くことに注意しましょう。
3. 下げ弓と上げ弓で、同じように、中指を上げないで練習します。
4. 同じように、薬指を上げないで練習します。
5. 同じように、弾き始めと弾き終わりでは人差し指を使いませんが、他のすべての指を通常の位置に置いて行います。
6. どの指も上げずに弓の上に乗せ、f の全弓でムラのないしっかりした音を出します。元から先へ、またその逆も、重みの配分の変化を感じながら弾いてみましょう。

写真10

(a) 元弓の弾き始め

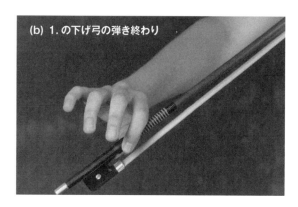
(b) 1. の下げ弓の弾き終わり

10　弓に対する手の柔軟性（指弓）

　この練習では、極端に指の付け根の上げ下げをします。
- f では弓をしっかり持ち、指の付け根を低くします（**写真11(a)**）。同時に親指と小指を曲げます。
- p では指の力をゆるめ、付け根を上げます（**写真11(b)**）。同時に親指と小指をややまっすぐにします。
- ムラのない速さと圧力で、弓の返しで切れ目なくボウイングを繰り返し、クレッシェンドやディミヌエンド無しに、急に f や p にして弾きます。
- 元弓、中弓、先弓の1/4の長さで弾いてみます。元弓、中弓、先弓の1/2の長さで弾いてみます。

一つのポジションで移弦しながら長調、短調の2オクターヴの音階を弾きましょう（次の調性で）。

1. イ長（短）調（第1ポジション）
2. ホ長（短）調（第5ポジション）
3. イ長（短）調（第8ポジション）

写真11

(a) 指の付け根を低くして、下げ弓の弾き始めの準備

(b) 指の付け根を高くして、上げ弓の弾き始めの準備

指の垂直運動と水平運動

11 【練習1：縦の動き（垂直運動）】

- 元で、弦から2cm離した状態で、指を極端に丸く、付け根を低くして弓を持ちます（**写真12(a)**）。
- 指をまっすぐにして弓を弦の上に置きます（**写真12(b)**）、そして、再び指を丸くして弾き始めの位置に弓を持ち上げます。
- 腕と手を動かさず、指だけを使って弓を持ち上げたり下ろしたりします。同じ動きを何回か繰り返します。

他の指と一緒に親指が自由に動くことを確認してください。他の指がまっすぐになる時は親指もまっすぐに、曲がる時は親指も曲げます。

写真12

(a) 指を曲げて弦の上で弓を置く準備をします

(b) 弦の上に弓を置きます

12 【練習2：横の動き（水平運動）】

実際には指の '横' の動きというものはありませんが、ボウイングにおいては指が縦というよりは横へ（人差し指の方へ）傾き、曲げたり伸ばしたりさせることによって、弓を弦に対して水平にします。

- f で、指だけを使って弓を動かして弾きます。腕と手はできる限り動かしません。
- 上げ弓では指を曲げ、下げ弓ではまっすぐに伸ばします。**写真13(a)** と **13(c)** は下げ弓で弾く前に指が曲がり、伸びる準備をしています。**写真13(b)** と **13(d)** は上げ弓で弾く前に指が伸びており、曲げる準備をしています。
- 弓が駒と平行になっているかを、鏡を使って確認してください。
- 元弓、中弓、先弓で練習しましょう。

写真13

(a) 元で下げ弓を弾く前に指が丸くなっています

(b) 元で上げ弓を弾く前に指がまっすぐに伸びています

(c) 先で下げ弓を弾く前に指が丸くなっています

(d) 先で上げ弓を弾く前に指がまっすぐに伸びています

指だけが動くことを確認する

自分の右手を左手で持って、元で開放弦を弾いてみましょう（**写真13(e)**）。左手の親指を右手の手のひらに差し込み、人差し指を手の甲に添え、手を動かないようにすると、指が独立して動きやすくなります。

13 【練習3－縦と横のコンビネーション】

指の自由な動きと、手の小さな丸い動きとのコンビネーションで、小さな円を描きます。指の動きをできるだけ多く使い、手の動きはできるだけ少なく、そして腕の動きは使いません。円の底の部分で弓が弦に触り、音を出します（**写真14**）。

1. 弦から2cmくらい離し、指を曲げた状態で弓を持って始めます。手の甲と指は同じ高さになっていなければなりません。
2. 指をややまっすぐにして、円運動によって弓を弦に下ろします。音が出たら、また指を曲げて弾き始めの位置に持ち上げて戻します。
3. 時計周りと反時計回りに元弓、中弓、先弓で連続した動きで行います。

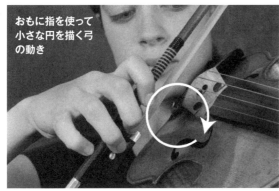

写真14　おもに指を使って小さな円を描く弓の動き

14 弓の返し

指弓を少し使うと、弓の返しをスムーズにできます。この練習は、指の動きを意識し、大きな動きで大げさに行います[1]。

短く（1／8の弓の長さ）、スムーズに、元、中、先で、音を持続させてべったりと弾きます。

- 下げ弓の終わりで、弓が動いている間に指と親指をスムーズに伸ばします。同時に、手をやや指と同じ方向へ動かします（すなわち、下げ弓では手首が上向きの曲線をつくります）。

- 上げ弓の終わりでは、弓が動いている間に指と親指を（指の付け根を低くし）スムーズに丸く曲げます。指とともに手を少し動かします（すなわち、上げ弓では手首の曲線は少なくなります）。

写真13(a) と **13(c)** は、下げ弓になる直前の指の形です。**13(b)** と **13(d)** は、上げ弓になる直前の形です。この指と手の動きは、目に見えないくらいの小さな動きですが、弓の返しをスムーズにするためにはそれで十分です[2]。

---

[1] 指の柔軟性（指弓）と意図して行う指の動きは、異なるものです。実際、弓の返しでの指の動きは、最小限におさえられなければなりません。なぜならば、返しでの素早い指の動きは、弓のスピードを加速してしまうからです。より簡単にスムーズな弓の返しをするためには、（1）弓のスピードを遅くする（2）方向を変える直前に弓を軽くする、ことが役立ちます。元弓での自発的な指の動きは、Carl Flesch School of Playing によるものです。しかし、フレッシュ自身は彼のメソードの中で、この指の動きは役に立つ練習であると言っているだけで、弓のテクニックに不可欠なものである、とは言っていません。「指の動きは最小限でなければなりません。なぜならば、弓の返しが目に見えてしまったら、音にも聴こえてしまうからです」（Carl Flesch『Problems of Tone Production in Violin Playing』(Baden-Baden,1931,14)

[2] ドゥニスは、より目に見える大きな動きを推奨しており、それを「ブラシをかけるような動き…手が持ち手で指が毛の部分のように、刷毛を動かす右手のイメージ」と呼びました（Chris A. Constantakos；Demetrios Constantine Dounis『His Methode in Teaching the Violin』(New York,1988,76)。

15 弓の角度

指は弓を駒と平行にする役割も果たします。典型的な間違いは、弓が曲がってしまうのを腕で直そうとすることです。本当の原因は指にあり、腕を使って直そうとすると、腕の動きはぎごちなくこわばってしまいます。

写真15

弓の角度を修正するために指を使います

- 元で弓を弦の上に置かずに持ちます。弓先を駒の方へ動かします（**写真15(a)**）。そして、駒から遠ざけます（**写真15(b)**）。指だけを使います。
- 弓先を駒の方へ動かす時は、人差し指を引き寄せて薬指を伸ばします。反対に動かす時は、小指を引き寄せて人差し指を伸ばします。
- 弓の元は弦に乗せないまま行います。
- 腕と手は動かさないように、右手の甲の上に硬貨を乗せ、落とさないようにしながら練習しましょう。

手の動き

移弦の際は手首から先を動かすと、上腕、下腕（肘から下）の動きを減らせます。手の小さな動きが、腕の大きな動きの代わりを果たします。

16 【練習1－基本の動き】

左手で右手の手首の近くを持ちます。

1. 下腕と手をまっすぐな状態から始め、手首から先を肘より低くなるように下げます。これによって'高い'手首ができます（**写真16(a)**）。水平な位置に戻し、連続した動きで繰り返します。次に、腕よりも高い位置に手を上げます。これによって'低い手首'ができます（**写真16(b)**）。まっすぐな位置に戻し、何回か繰り返します。

   下腕を床と平行に保ち、手首から先だけを動かします。

2. 下腕と手を床と平行に保ったまま、手を横に動かします。手を左に動かして弓先を肩の方へスウィングさせ（**写真16(c)**）、また右へ戻します（**写真16(d)**）。当然、実際の演奏ではこの動きは使われません。

3. 円を描くように、縦と横の動きを一緒に行います。手首から先を上に上げる時はすべての指を丸くし、下げる時は伸ばします。腕は床と平行に保ち、弓は下腕に対して正しい角度にし、手首から先だけを動かしましょう。

写真16

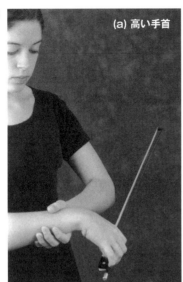
(a) 高い手首

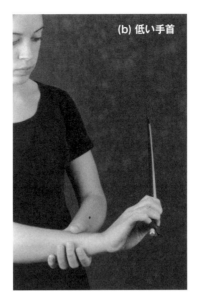
(b) 低い手首

(c) 手を左方向へ動かす

(d) 手を右方向へ動かす

17 【練習2】

この練習では手の動きを大げさにするために、できるだけ小さな腕の動きで移弦します。おもに手首からの動きで、下腕を回転させます（15ページ参照）。

- 先半弓だけで弾きます。
- 各小節、両端の弦に楽に手が届くように、肘は真ん中のポジションに位置します。
- 高い弦を弾く時は手首を高くし（**写真16(a)**）、低い弦を弾く時は手首を低くします（**写真16(b)**）。
移弦の時は手首から先だけを使い、先半弓で **49**（30ページ）も練習しましょう。

A 右腕と右手

18 【練習3】

17 のように、手の動きを使い、できるだけ上腕を動かさないようにして、移弦します。高い弦を弾く時は手首を高くし（**写真16(a)**）、低い弦を弾く時は手首を低くします（**写真16(b)**）。下腕の回転運動を多く使います。

1. 中弓で10cm使って通して弾きましょう。
2. 先弓で10cm使って繰り返し弾きましょう。
3. 先半弓を使って弾きましょう。この時は、手の動きと同じようにおもに腕を使いますが、目に見えないほど小さな動きです。

同じように、D線とA線、A線とE線で繰り返します

弓を弦に吸いつけるための重み

ff で弾く時や重音を弾く時は、上腕からの「重み」を使います。それに対して、デリケートなニュアンスをつくるには「腕の重み」は扱いにくくなります。繊細な弦へのタッチは「手」で行うもので、「腕の重み」はあまり適していません。

あまり大きな音を必要としない時や、一弓のなかで微妙な音色の変化をつくる時は、腕は弦に沿って手と弓を運ぶために使い、<u>手は手首からぶら下がるようにして音をつくります。</u>

様々なボウイングや音をつくるために、必要な腕と手の重みの割合は異なります。例えば、（1）腕が全部、手は無し（2）腕と手が半々（3）手が全部、腕は無し（4）色々な組み合わせ、というように。

19 腕の重み

この練習はアシスタントが必要です。

1. アシスタントは片方の手で奏者の肘を持ち、腕のすべての重みを支えます（**写真17(a)**）。
2. アシスタントのもう片方の手は、奏者の手首の下に指を置き、両方の手で均等に腕を支えます（**写真17(b)**）。
3. アシスタントは、肘を支えている手をゆっくりと外していき、徐々に手首の下にある指にすべての重みを移動します。この時、アシスタントの指の支えに腕の重み全部が乗っていても、奏者は上腕（肘から上）をダランとしてはいけません（**写真17(c)**）。

弓を弦に吸いつけるための重み

4. アシスタントは空いている方の手を、弓を持つ手の下に置き、両方の手で均等に腕の重みを支えます（**写真17(d)**）。
5. アシスタントは手首を支えている指をゆっくりと外していき、弓を持つ手を支えている指の方へ、奏者の腕の重みすべてを少しずつ移動していきます。この時、奏者は手首をダランとしてはいけません（**写真17(e)**）。
6. 奏者の手に弓を持たせますが、奏者の腕の重みはすべてアシスタントの支える指の上に乗せます（**写真17(f)(g)**）。

アシスタントは手の甲を元弓の毛の下に当てます。奏者の腕は、弓を持つ手の下にあるアシスタントの指と、毛の下にあるもう一方の手の甲の上に同等に乗っています（**写真17(h)**）。

7. 弓を持つ手を支えている指をゆっくり外し、奏者は徐々にアシスタントの手の甲の上にある弓に、腕のすべての重みを乗せていきます（**写真17(i)**）。

写真17

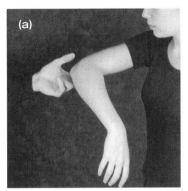

(a) 片手で肘を持ち、肘で腕の重み全部を支える

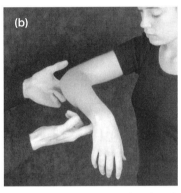

(b) 肘と手首のところで同等に腕の重みを支える

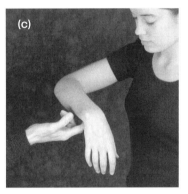

(c) 肘を支えている手をゆっくりと外していき、徐々に手首の下にある指にすべての重みを移動する

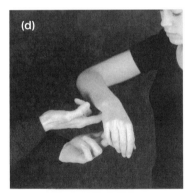

(d) 両方の手を使い、手首と手のひらの中で均等に腕の重みを支える

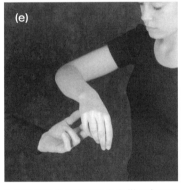

(e) 手のひらの中に入れた指へすべての重みを徐々に移動していく

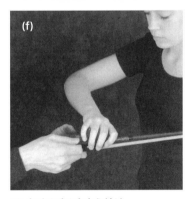

(f) 左手は重みを支え続け…

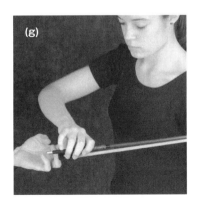

(g) …右手を奏者の持つ弓に添える

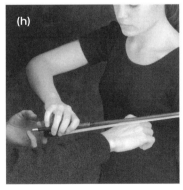

(h) 腕の重みをアシスタントの手のひらと弓の下に置いた手で同等に支える

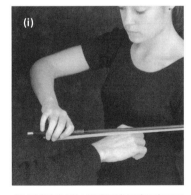

(i) 弓を支えている手に腕の重みすべてを徐々に移動していく

A 右腕と右手

20 手の重み   78「弓圧の練習」も参照。

この練習の手首の動きは、目に見えないほどわずかです。

1. 弓の中程を弦の上に置きます。
   手で竿を押して毛に近づけます。これは**写真16(a)**の高い手首をつくる下向きの動きと似た動作です。結果として手首はほんのわずかに上向きに丸みを帯びることになります。押していた竿を戻します。圧力をかけるために人差し指に力を入れたり、人差し指の方へ手を傾けたりしてはいけません。手と手首からの加圧が、すべての指に均等に配分されるのを感じましょう。

2. 弦の上で弓を1cmだけ弓先の方に置き、繰り返します。同様に毎回1cmずつ上方へ移動しながら一番先へ行くまで繰り返します。

3. 手の動きだけを使って圧力を与えるように、先半弓で次の譜例を練習しましょう。各音で弓のスピードが速くなったり遅くなったりしてはいけません。1小節間、弓は一定した速さで弾きます。

4. 弓の毛を弦に深く沈めるために手の動きだけを使い、先半弓の**f**で下げ弓、上げ弓の動きをゆっくりと行います。各弦で練習しましょう。

右手全体に重みを分散させる

圧力は人差し指だけで弦にかけるのではなく、手全体で行います。

21 【練習1】

- チェロの弓の持ち方のように小指の腹を毛箱の横に置き（薬指の隣）、中位のスピードの**f**で、下げ弓、上げ弓を行います（**写真18**）。この持ち方では弓先まで弾くことはできませんが、できる範囲で長い弓を使いましょう。
- 人差し指の圧力だけではなく、重みがどのように手全体に広がっているかを感じましょう。
- 通常の弓の持ち方でも同じ感覚を探してください。

写真18

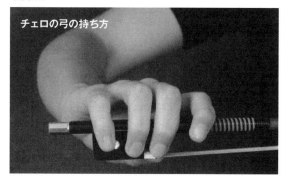

チェロの弓の持ち方

22 【練習2】

中指が少し親指の左側に位置すると(奏者から見て)、人差し指の圧力は減り、中指により加わります。

- 人差し指を竿の上に置かず、中指を通常よりも親指のやや左寄りに置きます。
- 各弦で**ff**の長い音、または曲の中の一つのパッセージを弾きます。中指が音をつくり出す助けになっていることを感じましょう。
- 人差し指を竿の上に戻して繰り返します。中指が人差し指の役割を助けていることに注意し、手全体の重みが均等に毛箱に分散されていることを感じましょう。薬指で強く毛箱を引き寄せるようにします。

23 引く弓と押す弓　55「弦の張力」も参照。

　弓には'圧力'だけではなく、'ストローク'というものがあることは、とても意味深いことです。フランス語では下げ弓と上げ弓のことを、*tiré* と *poussé*（ティレ）（プッセ）（'引く'と'押す'）と呼びます。甘くよく響く音は弓の圧力よりもスピードでつくり出されるといってもよく、そのほうが弦を伸びやかに振動（すなわち、横方向へのスウィング＝ストローク）させることができます。

全弓を保ちながら大きな音で、一音を数回弾きます。
- <u>下げ弓</u>：人差し指を弓に乗せないで弾きます。
  <u>上げ弓</u>：小指を弓に乗せないで弾きます。
- <u>下げ弓を引っ張り、上げ弓を押します。</u>
- 普通の弓の持ち方でも、同じように「引く」と「押す」の感覚を感じましょう。すべての弦で、単音と同じように重音でも弾いてみましょう。

下腕、上腕の動き

下腕（肘から下）の回転

　下腕の小さな回転（ドアのノブを回す時に使う動き）は、腕全体の大きな動きの代わりになります。

24 【練習1】

　弓の元をD線の上に置きます。時計回りに手を回転し、弓が上下逆さまになるまで弓を右方向へ回します。(**写真19**)。弦に弓を戻し、数回連続した動きで繰り返します。

写真19
下腕の回転運動を使って、弓をひっくり返す

25 【練習2】

　D線、A線の高さに右肘をセットし、一番元で弾きます。下腕だけを動かします。腕が動かないように、右の上腕に左手を添えておくと良いでしょう。

1. E線で一番元を使って短い上げ弓を弾きます。止めます（**写真20(a)**）。
2. 弓をG線の方へ、角度を変える時に手（下腕）だけを使って動かします。止めます（**写真20(b)**）。
3. G線で短い下げ弓を弾きます。止めます。
4. 下腕だけを使ってE線に戻ります。止めます。
5. 弓をG線に戻します。このように数回繰り返します。

　A線、E線を弾く時に、弓の毛の外側の縁で弾くと良いかもしれません（弓を指板の方へ傾けます）。D線、G線の時には毛の内側の縁を使いましょう（弓を駒の方へ傾けます）。

写真20

(a) E線で、短い上げ弓を弾くように弓を準備します

(b) G線へ弓を動かす時は、下腕だけを使います

【練習 3】

弓元1/3で、17 18 を練習しましょう。

手を動かさず、下腕の回転とほんのわずかな指の動きを使って（7ページ参照）移弦します。スムーズに円を描くように移弦します。

【練習 4】

弦に大きな圧力をかけるために、手を人差し指の方向へ回転させます（回内）[1]。圧力を減らすためには、手を小指の方に回転させます（回外）。わずかな回外運動は、弓が弦から離れる様々なボウイングにとって極めて重要な動きです[2]。

すべての手の動きは、手そのものでなく、下腕の回転によるものです。

1. 通常の持ち方で弓を持ち、中弓で軽く弦の上に乗せます。
2. 手を左へ傾けて竿が弓の毛に近づくように押さえます（回内）。人差し指と中指が弓を押し、小指がわずかに伸びます（**写真21(a)**）。手をわずかに右へ傾けることによって、竿を解放します（回外）。小指はより丸くなり、人差し指の第二関節が竿から離れます（**写真21(b)**）。
3. この回内、回外の動きを連続して行いましょう。上腕や肘は動かしません。手が親指の周りを回転しているような感覚で、指と下腕だけを動かします。
4. 回外運動の間、いつも竿が弓の毛に近づくように押し続けながら、圧力をゆるめないで行います。ここでは 2．3．とまったく同じ動きをするにも関わらず、人差し指と中指が圧力を保持しているので、人差し指の第二関節は竿の上に乗っています。

写真21

(a) 回内運動

(b) 回外運動

上腕（肘より上）の動き

【練習１：縦の動き】

弓の一番先をほんの少し使います。この練習の目的は、肩から腕全体を動かすことです。

【二つの練習方法】

1. 隣の弦の高さに動かす前に弓を弦の上で止めます。
   弾いて止める→隣の弦へ動かす、そして止める→弾いて止める→隣の弦へ移る、そして止める→等々。
2. 動きを止めないで、一つのアクションで行います。
   弾いて動かす→弾いて動かす→等々。

---

[1] 人差し指を押すことによって弓の重みを増やすことは、しばしば音を潰してしまい、通常は概して避けるべきことです。弦に、より重みをかけるには、指全体に重みが分散されるべきです。人差し指の圧力はマルトレやコレのように、噛むアタックのために使われます。圧力を加えるためには、中指も（だいたい親指の向かい側に位置する。2ページ写真2参照）使う方がよいです。それによって弓を持つ手はきめ細やかで繊細なタッチとコントロールを得ることができます。

[2] 73ページの「手と弓の動き」を参照。

29 【練習2：インとアウト】

　下げ弓の「終わり」に向かって、上腕を「前へ」押し出します（アウト）。上げ弓の「始まり」では、上腕が「後ろへ」動きます（イン）。**写真22(a)** と **(b)** は二つの動きを示しています[1]。大げさに行うと、楽器の最適なポジションを見つける時にも役立ちます。

　鏡の前で弾きます。弓が駒と平行になっているかどうかが良く見えるように、鏡に対して楽器が平行になるように立ちます。

1. 弓先で駒と平行にA線の上に弓を置きます。楽器の角度をやや左寄りにします。駒と弓が平行を保つためには、腕がまっすぐでなくてはなりません（**写真22(c)**）。
2. 弓先1／4で、短い上げ弓、下げ弓を行います。弓と駒を平行に保つためには、通常よりも多く、上腕はインへ（上げ弓）、そしてアウトへ（下げ弓）動きます。各弦で繰り返しましょう。
3. 下げ弓の終わりで、腕がまっすぐになりすぎず、かつ曲がりすぎない正しい楽器の角度を見つけましょう。もう一度、弓の一番先で短いストロークを弾き、同じように（ただし、より小さな）インとアウトの動きを感じ取りましょう。

写真22

(a) この場所から先弓まで上腕が前へ動きます（アウト）

(b) 上げ弓の始まりで、上腕が後ろに動きます（イン）

(c) 楽器をこのように構えると腕を無理に伸ばさなければなりません

肘を上げることについて[2]

　多くのメソードでは、肘を弓の高さと同じにするように推奨しています。また、弓の元半分で、より高くすることを推奨するメソードもあります（上げ弓では肘を上げ、下げ弓では肘を低くします）。どちらもメリットがあり、多くの奏者は演奏する曲によってこの二つを組み合わせて使っています。

　肘の高さを元半弓で弓と同じレベルに保持することのメリットは、肘が弓と同じスピードで動いている感覚があり（弓の一番元の部分）、とてもコントロールしやすいことです。

　肘を上げることは、弓の元半分で弦への重みを軽減させることになり（弓を'浮かす'）、「てこ」のように弦に重みを乗せることもできます。身体側が窮屈な感覚になるのを軽減させ、弓の返しの直前に肘の方向を変えることで、波のような動きをつくり出します。

　先半弓で楽に f を保持して弾くために、弓を「てこ」の要領で上げ、肘をわずかに上げることで、腕の重さを弦に乗せられるようになります。その動きは通常、ほんのわずかで目に見えない程度のものです。しかし、奏者が十分なパワーを出すためにはかなり肘を上げる必要があります。

---

[1] 腕（肘から上）での先半弓では、前述したように、いつも'イン'と'アウト'の動きは行われません。むしろ、反対であるという例が多くあります。特に速い弓の動きで、下げ弓ではほんのわずかに後ろへ、上げ弓では前へと動きます。これは腕全体を使って弾いているという感覚をもたらし、下腕（肘から下）からほとんどの動きが行われるにも関わらず、上腕からストロークに力を与えているように感じさせます。

[2] 初心者を教える時、通常'1回に一つのこと'を守るのが最良の方法です。生徒は最初に、肘が常に弓と同じ高さにある'平らな'腕のボウイングを学ばなければなりません。それがきちんと身についたら（それが1週間、1か月、1年かかろうとも）、元半弓で肘を上げることを教え始めます。上級者も同じ方法で練習できます。何分間か平らな腕で練習し、何分間かは元半弓だけ肘を上げ、そして先半弓で肘を上げてみます。

A 右腕と右手

30 移弦の準備

ある弦から別の弦に移弦する時、右腕を「ひとかたまり」に動かすのではありません。低い弦から高い弦へ移弦する時は、手が先導し肘がついていきます。高い弦から低い弦へ移弦する時は、肘が先導し手がついていきます。普通に演奏している時は目に見えにくいので、腕全体の動きを二つに分けて大げさに練習します。

それぞれの動きの間で止まります

高い弦で弾き→止まる→低い弦の高さに肘を動かす→止まる→手と下腕を低い弦の高さへ動かす→止まる、等々。

すべての動きを連続して行います

今度は止まらずに弾きます。一つの動きから次へとなめらかにできるでしょう。しかし、最初は腕、次は手というように、はっきりと動かし、動作のタイミングは大げさなままで行います。

3拍子で数えながらゆっくりのテンポで弾きます（♩ = 60）。

1小節目　1拍目：シの音を、腕全体をA線の高さにして弾きます。
　　　　2拍目：弓をA線に置いたまま肘をG線の高さに動かします。
　　　　3拍目：弓をG線へ動かします。
2小節目　1拍目：ソの音を、腕全体をG線の高さにして弾きます。
　　　　2拍目：肘をG線の高さにしたまま弓をA線の高さへ動かします。
　　　　3拍目：肘をA線の高さへ動かします。

長くゆっくり保つ弓

'son filé'（ソン・フィレ）（ロングトーン）は、弓のコントロールと音色づくりのためのとても重要な練習の一つです。

31 【練習1】

- 全弓を使って、各弦で一つの音をできるだけ長く保って弾きます。難しいかもしれませんが、常に澄んだ響きを目指して駒の近くで弾きましょう。
- ♩=60で（すなわち1秒に1拍）。下げ弓、上げ弓で始め、まず30秒持続するようにします。そして日を追うごとに60秒、それ以上と増やしていきます。

弓を均等に動かし、響きを保つよう努力しましょう。弓のスピードがあまりにも遅いために、音がガリガリしたり消えてしまったりしますが、この練習によって得られる効果は驚くべきものです。

32 【練習2】

- 16分音符の小節を10秒、20秒、30秒、それ以上と繰り返します。より長く、より強く、そして、より速くしても、終止音をきれいに弾き始めるためには、より正確なコントロールが必要です。
- 16分音符から終止音へ続けて弾きます。*p* でためらいなく、ストロークがでこぼこしないようにします。終止音を10秒、20秒、30秒、それ以上長く、均等に保ちます。

各弦で弾きましょう。

33 【練習 3】

異なる弓の長さ、異なる移弦、異なるポジションで、長く保ったままストロークを弾きましょう。クレッシェンド、デクレッシェンド、ソステヌートの無限大の組み合わせができますが、すべてのヴァリエーションは次の基本のパターンで成り立っているので、この練習だけで十分カバーできます。

- ♪ = 40〜60 で（より遅い方が良い）、できるだけゆっくり均等に弾きます。
- p を弾く時に弓が指板の方へ行かないよう、駒の近くで弾くようにします。

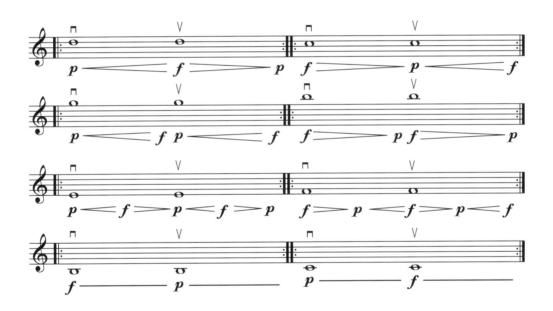

各弦で弾きましょう。

34 【練習 4】

♪ = 60 で一つの音を全弓で弾きます。この練習は休み無しに一息で続けます。

1. 駒の近くで、10 拍下げ弓、10 拍上げ弓で弾きます。スピード、圧力、駒からの距離を完全に均一にします。
2. 止まらずに、12 拍下げ弓と上げ弓で、そして 14、16、18、20 拍と増やしていきます。拍が増えるに従って、駒に近づけます。
3. 拍を 18、16…と減らし、少しずつ弓を速くしていきます。10、8、6、4、3、2、1 拍と減らしましょう。数が減ると駒から遠ざかりがちですが、可能な限り駒の近くにいるようにします。

弓の色々なスピードで、一番良い響きをつくる駒からの適切な距離を感じましょう。髪の毛一本ほどでも駒に近づくと音を損ねてしまいかねません。サーファーが波に乗るように、弓の毛を'乗りこなす'ようにしてください。

㉟ 【練習5】

弦の上の空中で、絶対に弦に触れないようにして弓を動かします。
- 弦の5mmほど上の空中で、可能な限りゆっくりと弓を元から先、先から元へと動かします。
- 弓を持つ腕全部の筋肉および背中（肩甲骨と背骨の間）の筋肉をリラックスさせます。
- 徐々に手を元の形から先の形へと、スムーズに動かします。その時、弓は弦の上の空中で均一に動きます。
- 呼吸が止まらないようにしましょう。

この練習をすべての弦で行います。それぞれの弦での大きな違いを感じましょう。

駒に平行な弓

身体に対するヴァイオリンの角度

腕の長い人：スクロール（うず巻き）をやや左方向へ向けます。ヴァイオリンを肩の低い位置に持ちます（顎がテールピースの左寄りになります）。

腕の短い人：スクロールをやや身体の正面へ向けます。ヴァイオリンを肩の高い位置に持ちます（顎がテールピースのより近くか、上にきます）。スクロールを左寄りにすると（ヴァイオリンを肩の低い位置に置くと）、左指が弦に届きやすくなりますが、弓を先でまっすぐにするためには右腕をより遠くへ伸ばさなければなりません[1]。

スクロールを身体の正面に向けすぎると（ヴァイオリンを肩の高い位置に置く）、弓を先でまっすぐにすることは簡単になりますが、左指を弦に届かせるために左下腕をもっとねじらなければならなくなります。

弓先で、肘は伸びきらず、曲がりすぎないようにします。肩の上の楽器の高さやスクロールの向きを調節すると、奏者は弾きやすいポジションを見つけることができるでしょう。腕の短い奏者には、弓先5cmほどを使わず、弓の竿の少し上の方を持つように勧める教師もいます。

㊱ 弓に沿わせた手の動き

弓を弦の上に置いて静止させ、弓に沿わせて手を動かします。こうすると、弓と駒が平行になっているので、腕は自然に正しい動きになります。弓をまっすぐに弾く感触を得ることができる大変良い練習方法です。

この練習はアシスタント[2]が必要です。弓先を弦上に置き、駒と平行になる角度に持っていてもらいます（**写真23**）。その際、練習者の手が一番大きく動かせるように、弓のネジの部分のみを持ちます。

- ヴァイオリンを構える位置は、弓が下げ弓の終わりで肘が伸び切らず、曲がりすぎないところにします。
- 練習者は固定された弓の上で手を、「下げ弓、上げ弓」のように軽く滑らせます。
- 弓のどの部分でも、手は元弓、先弓の形に自然に変えながらフォームを保ちます[3]。

写真23

弓をまっすぐに弾くために、腕は自然と正しい動きができます

- まず、腕を平らに使います。つまり、竿のどの部分でも肘を平均的な高さにします。それから、元弓では肘を高くするなど、通常の動きを加えていきます。
- アシスタントは、各弦上で、駒からの様々な距離において、常に弓と駒とを平行に保っていなければなりません。

---

[1] ヴァイオリンと弓とが、ぴったりと木片で繋がれているかのようにイメージします。弓先を駒と指板との間に当て、弓は駒と平行にきちんと固定します。顎は顎当ての一箇所にのせ、ヴァイオリンのスクロールを左へ動かします。そうすると、弓元が自分から遠くなります。スクロールを右に動かすと、弓元が自分の近くに戻ります。
今度はスクロールを動かさずに、顎当て側を右へ動かします。そうすると顎がテールピースよりもかなり左になり、弓元の部分は前方に動かさなければならなくなります。同じようにスクロールを固定して、ヴァイオリンを左に動かすと、顎はテールピースの上に来ることになり、弓元は自分の近くに戻ります。

[2] アシスタントがいない場合、弓の元を譜面台の上に乗せて行うこともできます。

[3] 5ページの「手全体のバランス」を参照。

写真24 それぞれの弓の場所での腕の動きの違いを示しています

(a) 元：上腕のみの動き、下腕の動きはほんのわずか、または動かない

(b) ポイント・オブ・バランス＝重さの中心：上腕、下腕ともに少しの動き

(c) 直角：下腕のみ、短く速い16分音符を弾くのに最適な場所

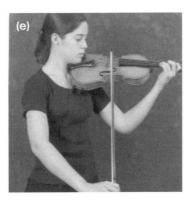

(d) 直角と先弓の間：おもに下腕を使う。上腕は少し前方へ（下げ弓）、少し後方へ（上げ弓）動く

(e) 先：少し下腕を使い、上腕の前後の動きは大きくなる

37 弓の四分割

弓を駒に対して平行に保ちながら、1／4、1／2、3／4、全弓を使って弾きましょう。

● 鏡を見ながら練習します。楽器と鏡が平行になるように構えます。

● 例えば、2オクターヴの分散3度の音階を、一音につき4ストロークずつスムーズに弾きます。始めは速く、そして弓を長く使うにつれて次第にゆっくり弾きます。

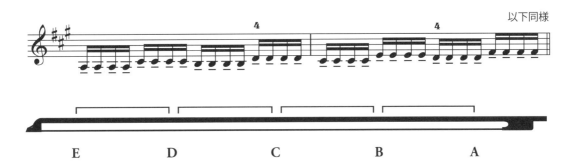

1. 始めは中位の速さのストロークでA〜B、B〜C、C〜D、D〜Eと弾きます。
2. 少しゆっくりのストロークでA〜C、B〜D、C〜Eと弾きます。
3. A〜D、B〜Eと弾きます。
4. 全弓を使って弾きます。

38 弓の二分割

1. は元から「スクエアー」[1]を使い、2. は「スクエアー」から先を使います。この練習の目的は、どんなに速いストロークでも、腕、手、指を使う際に、弓が駒に対して平行に保たれているようにすることです。

各小節を数回ずつ繰り返します。次の三つの場所を使って練習しましょう。

1. 元からスクエアー
2. スクエアーから先
3. 全弓、元から先

- 各ストロークを途中で角度を修正できないくらい速く弾きます。音質は重視せず、身体の運動として弓を弦に沿って動かします。弓が駒に対して平行であれば、ストロークの弾き終わりと弾き始めでは、駒からの距離がまったく同じになっているはずです。
- 弾き始める前に、鏡で見て弓が完全に駒と平行になっていることを確認します。弓を動かしている間、弓は矢のようにまっすぐでなければなりません。肘はおおよそ弓と同じ高さに保ちましょう。
- 各ストロークの終わりでは、弓を弦の上で止め、駒と平行であるかどうかを確認します。もし、平行になっていなかったら、その軌道からはずれてしまった理由は何なのか、上腕の動きか、下腕か、指が弓の角度を変えてしまったのか、手首が硬いのか、楽器の構え方か、と考えてみましょう。

弓をまっすぐに直して次のストロークを弾きましょう。弓が駒に対して平行になっているかどうかを見ながら、練習しましょう。

39 弦に対する弓の角度

67「サウンドポイントを変えること」、**72**「色々なサウンドポイントにおける速度練習」も参照。

弓をまっすぐ弾きます。その時、弓は完全に駒と平行になっていなければなりません。弓が駒に平行でない時は、上げ弓、下げ弓を弾く時に弦の上をすべってしまいます。駒との角度が大きければ大きいほど速くすべります[2]。

---

[1] 'スクエアー' とはガラミアンが弓の位置について使った言葉です。その位置とは、弓から下腕の間、下腕から上腕の間、肩から弓へと線を引き下ろした位置の四つが正しい角度にある場所を指します。腕の長い奏者は、中弓よりも高い位置に「スクエアー」がきます。腕の短い奏者は、もう少し下、ちょうど中弓あたりにくることになります。つまり「スクエアー」は、上腕が動かないで下腕だけが単独で動くことのできる位置です。この位置はたったの2cm程の長さです。より長いストロークを弾くには、この位置からあとほんの数cm上下に長く使うのですが、上腕の動きは最小限に留めるようにします。この位置は、短くて速い16分音符を弾くのに最も適している場所です。その時、上腕はほとんど使いません。

[2] 基本的には弓はまっすぐでなければなりません。しかし、弓が駒から離れたり近づいたりしないよう抑制しながら、同時に意識的に弓を駒の方へ少し曲げることによって違った音色をつくることができます。

写真25(a)はイン[1]の角度です。下げ弓では弓は指板の方へ動き、上げ弓では駒の方へ動きます。写真(b)は弓のアウトの角度を示しています。下げ弓では駒の方へ動き、上げ弓では指板の方へ動きます。

意識的に弓の角度を駒から遠ざけたり、近づけたりして弾いてみましょう。写真(a)のインの弓の角度では弓の毛が自動的に指板の方へ動きます。写真(b)のアウトの弓の角度では弓が自動的に駒の方へ動きます[2]。

fのパッセージを弾く時、駒の近くに弓を置いておくために、角度の変化を利用することができます。ただし、その角度の変化は最小限に留めます。

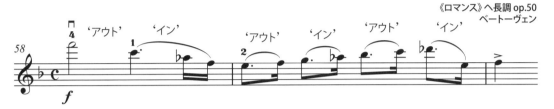

《ロマンス》ヘ長調 op.50
ベートーヴェン

写真25　(a) インの角度　　(b) アウトの角度

弓の角度の練習で、演奏中の瞬間的な調節能力が高まり、全体的な弓の技術が向上します。弓をよりまっすぐにすると、弓が軌道から外れてしまった場合に修正しやすくなります。

弓の角度 'イン'

1. 元弓、駒の近くで弦に弓を置きます。インの角度にします。あまり角度を大きくつけてしまうと弦の上を速くすべってしまいます。
2. 中位のスピードで弓先まで全弓で弾きます。弓を動かすと、少しずつ指板の方へ流れます。故意にそうしないように、自然に弓がすべるようにさせるのです。音を均等にスムーズに保ちます。始めは圧力を多くかけ、弓が指板の方へ流れていくにつれ圧力を減らします。
3. 弓先に届いたら、角度をそのままに。弓元は弓先よりも身体の近くにきます。
4. 全弓で元へ戻ります。弓を指板から離れるよう移動させ、始めの場所へ戻ります。このストロークの間に圧力を増やしていきましょう。

弓の角度 'アウト'

1. 元弓、指板の近くで弦に弓を置きます。アウトの角度にします。
2. 弓先まで全弓で弾きます。弓を動かすと、少しずつ駒の方へ流れます。始めはほとんど圧力をかけずに、駒に近づくにつれて圧力を増やします。
3. 弓先に届いたら、角度をそのままに。弓元は弓先よりも身体から離れます。
4. 全弓で元へ戻ります。弓を駒から遠ざかるように移動させ、始めの場所へ戻ります。このストロークの間に圧力を減らします。

全弓の代わりに半弓で、イン、アウト両方の角度で、中弓、元半弓、先半弓で繰り返します。弦の上で弓がすべるように、様々なスピードで角度を増やしたり減らしたりしながら、常に澄んだ音色で弾きましょう。

---

[1] 'イン' と 'アウト' は弓の元において言えることで、先ではありません。弓が 'イン' の角度にある時、毛箱は奏者の身体側へ引き寄せるようになります。
[2] もちろん、弓をまっすぐに保ったまま指板の方へ動かすことも、駒のすぐ近くに保ちながらディミヌエンドすることもできます。

40 空中での速い全弓

良いテクニックを身につけた人には、全弓のストロークが小さな動きの連続ではなく、まとまった一つのアクションとして感じられます。その動きをより簡単に感じ取れるよう、弓を空中で動かす練習をしましょう。

鏡を使って、弓が駒と平行であることを確認します。

1. 元で、とても小さなストロークを弾きます。弦の上で止まり、待ちます。
2. 空中で、突然速く弓先まで持っていき、弦の上に置き、止まって待ちます。
3. 先で、とても小さなストロークを弾き、弓を弦の上に乗せて置き、待ちます。
4. 空中で、突然速く弓元まで持っていき、弦の上に置き、止まって待ちます。

弓は空中をできるだけ速く、矢のようにまっすぐ、ふらつくことなく、駒との平行な角度を失わずに動かします。

その動きの間に、手は元の形（指が竿に対してやや直角で、小指は丸く）から、先の形（指がやや左へ傾き、小指はまっすぐ）へ、変わらなければいけません。6ページの**写真9(a)(b)** を参照。

5. 今度はストロークの間で動きを止めずに行います。元で短いストロークを弾き、今度は弦の上で、非常に速いスピードで先まで弾き、待ちます。同様に、次は元まで弾き、待ちます。それを繰り返します。

41 速く、短い弓での場所の移動

弓がまっすぐに弾けているかどうかを試すには、32分音符をスラー無しで速く弾くという簡単な方法があります。弓が駒に対して平行でなかった場合、サウンドポイント[1]は、ストロークごとに変わってしまいます。なぜなら、この速いストローク中では弓を修正することができないからです。弓が横すべりしないでまっすぐに弾けているかどうか、サウンドポイントをよく見ましょう。

小さい元弓を使って、32分音符を ♩ = 66 で弾きましょう。

- 止まることなく徐々に弓先へ動いていき、また元弓へ戻ります。
- 弓の長さを約10cm（♩ = 60）で弾き、次は約20cm（♩ = 50）で同様に弾きます。

きれいな音で、弓を弦によく吸いつけて弾きます。鏡で、弓が駒ときちんと平行になっていることを確認します。弓の方向をコントロールするために、手と同様に指も使います（**15**「弓の角度」を参照）。各弦で弾きましょう。

---
[1] 41ページの「5つのサウンドポイント」を参照。

回転運動と移弦

7種類の弓の角度

レベル1　G線
レベル2　G線とD線の重音
レベル3　D線
レベル4　D線とA線の重音
レベル5　A線
レベル6　A線とE線の重音
レベル7　E線

42 【練習：1本の弦】

9種類の弓のヴァリエーションのテーマを弾きます。
ゆっくり、中位、速いテンポで弾きましょう。

9種類の弓のヴァリエーション

それぞれのヴァリエーションを、下げ弓から、上げ弓からで弾きましょう。

ストローク

マルトレ：しっかりと弓を弦に噛ませて、各ストロークを始めます。常に弓は弦の上に置いたまま練習します。弓の毛の異なる部分が異なる弦をキャッチしていることに注意しましょう[1]。

1. 1／4の長さの元弓、中弓、先弓で弾きます。
2. 半弓の長さの元半弓、中半弓、先半弓で弾きます。

---

[1] 例えば、下げ弓でG線を弾き、弦の上で弓を止めます。弓が止まった場所で、正確に弓の毛のどの部分がG線に接しているかに注意します。弓を弦の上に置いたまま、E線へ回転運動させ弦の上で弓を止めます。すると弓の毛はE線上で、G線で弾き終わった場所よりも数センチ元よりの方にきています。

デタシェ：ゆっくりでスムーズなデタシェを、fで音量を十分に保ちながら弾きます。一つのストロークから次のストロークへしっかりと繋がるようにします。
1. 元、中、先の各位置で１／４の長さのストロークで弾きます。
2. 元、中、先の各位置で半弓のストロークで弾きます。

スピッカート：３種類のスピッカートを使います。
1. 真ん中よりやや元寄りで：速く、軽く、短く、弦に近く。
2. ポイント・オブ・バランス：中庸なやり方。
3. 元の近くで：ゆっくり、重く、長く、弦から高く離して。

43 【練習２：すべての弦の高さ】

この一連の練習は、すべての移弦の可能性を含んでいます。42 と同様に練習しましょう。ゆっくり、中位、速いテンポで弾きます。

練習方法：重音のバランス

　２本の弦を同時に弾く時の完璧なバランス（ベストな重さの配分）は、ほとんどの場合、均等ではありません。通常、各弦の長さと太さの関係により、片方の弦のほうがやや多く重みを必要とします（完全５度では弦は同じ長さ、オクターヴでは長さが変わります）。完璧な弓のバランスのためには、２弦にまたがってトレモロを弾くことが有効です。

　完璧に均等で速いトレモロを、各音ともクリアに弾ける方法を見つけてください。そうすれば、重音を均等なバランスで弾けていると感じられるでしょう。

　重音の音階を通常の方法で弾く前に、各音程をトレモロで練習しましょう。

回転運動 (124)、(125)「スムーズな回転運動」を参照。

回転運動（弓が弦から他の弦へと弦に沿って移動する動き）は、ボウイングの最も重要な基本テクニックの一つです。上げ弓、下げ弓の方向に動かしながら、弓を弦に沿って動かしましょう。

譜例の「←」は隣の低い弦への回転運動、「→」は隣の高い弦への回転運動を示します。どちらも、回転運動は移弦する前に、音と音との間で行われます。

《42のエチュード・カプリス 第29番》
クロイツェル

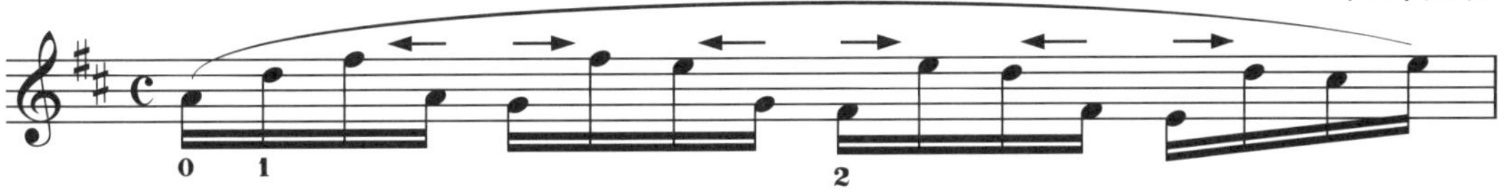

《パルティータ》ニ短調 BWV1004 より〈アルマンド〉
J.S.バッハ

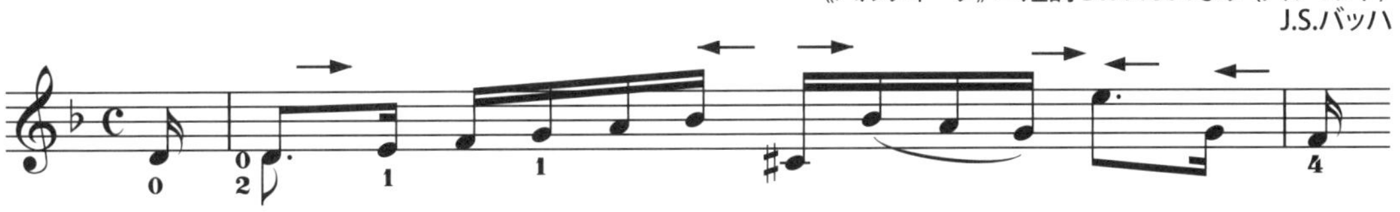

回転運動は、‘技術的なタイミング’が‘音楽的なタイミング’より前にくるという一つの例です[1]。移った弦の第1音が、あたかも移弦をしなかったかのように聴こえるタイミングで、回転運動を行わなければなりません。鏡を見ると、回転運動がなめらかに行われているか否かが確認できます。

㊹【練習1】

全弓のストロークの間に数回、隣の弦に触れずに回転運動を行います。

- 各ストロークで2回、4回、8回と回転運動をしますが、回転運動をしていないように聴こえなければいけません。次の譜例は各弦で4回行う例です。
  G線では、ヴァイオリンの縁に弓の毛がほとんど触るくらい左へ：ほとんどD線に触るくらい右へ回転運動を行います。
  E線では、ヴァイオリンの縁に弓の毛がほとんど触るくらい右へ：ほとんどA線に触るくらい左へ回転運動を行います。
  D線とA線では、隣の弦との間をできるだけ遠くに、しかし、弦に触れないように回転運動を行います。
- 先半弓では手首から先が動くので、腕を大きく動かさなくてもすみます。

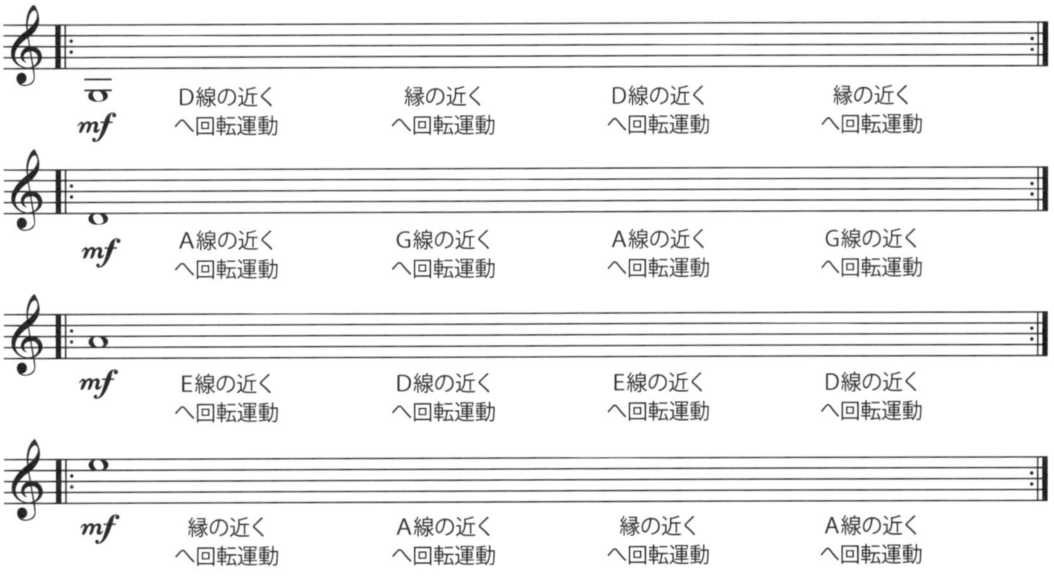

[1]「音楽的なタイミング」とは音を鳴らしたいと思う時で、「技術的なタイミング」とは音と同時の時もあるが、音を鳴らすよりも前になることもあります。その他の分かりやすい「早く準備する技術的タイミング」の例としては、指の準備、マルトレのようにストロークの前に弓を弦に噛ませる、ポジション移動、などがあります（Ivan Galamian『Principles Of Violin playing and Teaching』(New Jersey, 1962)。

㊺【練習 2】

このパッセージは、あたかも二人の奏者がいて、一人がスムーズで均等な全音符を弾き、他の奏者が短くスムーズな 8 分音符を弾いているかのように聴こえなければなりません。

1. 元、中、先の半弓を使いましょう。
2. 全弓を使いましょう。

㊻【練習 3】

移弦をスムーズに弾けない理由は、通常、移弦が遅すぎるからです。弓は、移弦する前の音を弾いている間に次の弦へ回転運動されなければならず、その音を弾いた後ではありません。

この練習では、移弦をわざと早く準備するために重音を使います。音が重なっている時間を徐々に短くし、スムーズな移弦になるまで回転運動の始まりを少しずつ遅らせていきます。

● 元、中、先の半弓で弾きます。
● 回転運動を徐々に遅らせますが、一つ目の音を弾いている間に弓の毛を次の弦に少しずつ近づけ、回転運動をすることによってスムーズでなめらかな動きを続けます。

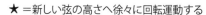
★＝新しい弦の高さへ徐々に回転運動する

D 線と A 線、A 線と E 線でも繰り返しましょう。

47 【練習 4】

- 譜例の (1)(2) では全音符を均一に保ちながら、回転運動によって4分音符を弾きます。全音符に影響しないように4分音符にアクセントを付けます。
- (3)(4) では全音符を f で弾きます。2分音符は p で始めて、クレッシェンドします。そうすることで、ゆっくりと計画的に回転運動を行えます。
- (5)(6) では全音符を p で、2分音符を f で弾きます。回転運動や f の2分音符が全音符に影響しないようにしましょう。
- 音階で練習しましょう。

違いを感じるために、高いポジションの重音でもこのパターンで弾いてみましょう。

48 【練習 5】

全音符を均一に保ちます。回転運動が大きくなりすぎないように、弓を2本の弦のなるべく近くに置きます。

1. 元、中、先の半弓で弾きましょう。
2. 全弓で弾きましょう。

49 【練習 6】

弓の毛が両方の弦の近くにくるように、弓で弦を深く押さえて保ちます。移弦をしても、普通の指使いで弾いているかのように各小節が一定の響きになっていなければなりません。

1. 元、中、先の半弓で弾きましょう。
2. 全弓で弾きましょう。

指はできる限り弦の上に置いておきます。

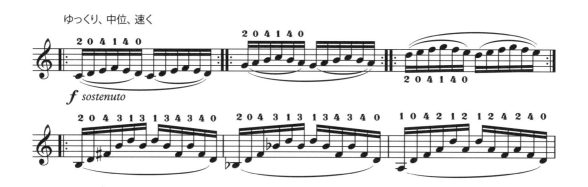

同一弦上での円運動

　ヴァイオリンを弾くにあたって、本当にまっすぐなラインを描く弓のストロークはありません。1本の弦上でのシンプルな上げ弓、下げ弓においても、曲線を描いています。この曲線運動は前述の回転運動と同じ弓のストロークです。これらの練習では通常よりも大きな曲線を描きます。

50 【練習1】

- タイで繋がれた音を、一つの音が続いているかのようにしっかりと保持します。
- タイで保持されている間に、次の重音へなめらかに回転運動をします。次の重音を（弓の返しの時）ほんの少しの動きで弾けるように、実際には次の重音に（触れないけれども）できる限り近くまで回転させます。
- 元、中、先の1／4弓で弾きましょう。次に、元、中、先の半弓で弾きましょう。

A 右腕と右手

51 【練習 2】

1. 始めは二つの音を同等に弾きます。弓が一つ目の重音から次の重音へと移る時の、動きの大きさに注意しましょう。
2. 1. の動きを少しずつ減らし、外側の弦をどんどん弱く弾きながら繰り返します。
3. 弓がほとんど外側の弦に触らないくらいまで、さらに、完全に触れなくなるまで動きを減らします。譜例の最後の小節の×音は、弓が外側の弦に近づいても触らないことを示しています。

- 元、中、先の 1 / 4 弓で弾きましょう。次に、元、中、先の半弓で弾きましょう。
- G 線と D 線と A 線で繰り返します。
- G 線ではヴァイオリンの縁をもう一本の'弦'であるかのようにして弾きます。縁と G 線で重音のように弾き、逆側の動きとしては G 線と D 線で重音を弾きます。
- 同様に、E 線ではヴァイオリンの縁と E 線とで重音のように弾き、逆側の動きとしては E 線と A 線で重音を弾きます。

52 アクセントを付けた移弦

次の移弦のヴァリエーションを使って連続した重音を弾きます。

- パターン (1) ～ (2)：元、中、先の半弓で弾きましょう。次に、全弓で弾きましょう。
- パターン (3) ～ (6)：元、中、先でスラー無しで弾きます。次に、二つのスラーでも弾きます。
- それぞれのパターンを下げ弓からも上げ弓からも弾きます。

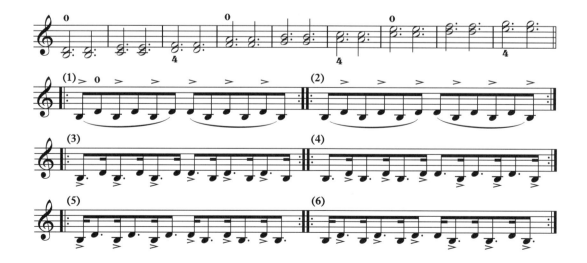

53 音階における移弦

移弦をスムーズに、円を描くように行うために、重音で弾いてみましょう（**例1**）。移弦がデコボコするのは、弦から次の弦へ移るタイミングが遅すぎるからです。その問題を改善するには、重音にして移弦のタイミングを早すぎるくらいに行うことが効果的です。移弦を含むパッセージをスムーズに弾くために、譜例のような練習があります。左手を使わずに開放弦を使ったボウイングだけの練習も効果的です。**例2**は例1を右手だけで弾いたものです。

左手を使わずに開放弦だけで弾くと、すべての音階やパッセージは色々なパターンから成り立っていることが分かります。次の練習は、2音、3音、4音のスラーを含むすべての可能性を網羅しています。

● 元、中、先の1/4弓で弾きましょう。次に、元、中、先の半弓で弾きましょう。

すべての練習の最初から最後までを、下げ弓から、次に上げ弓からも弾きましょう。

● テンポ：ゆっくり、中位、速く

弓を弦に深く吸いつけ、各ストロークをしっかりと保持して、次の音へ切れ目なく繋げます。すべてのタイの音は、はっきりと均等に弾きます。

A 右腕と右手

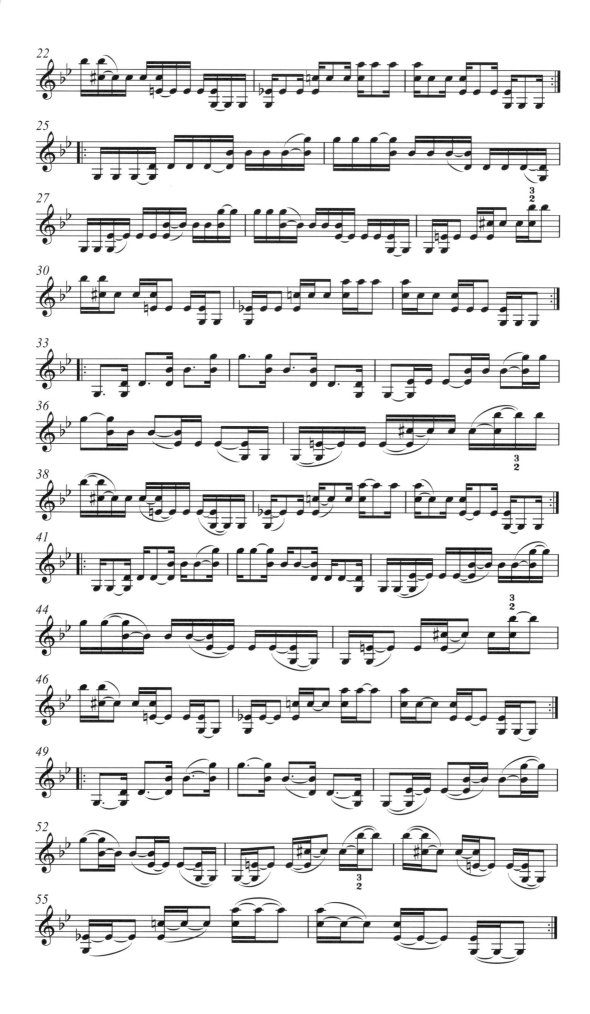

音をつくる

Tone Production
Tonbildung

Part B

弓と弦との接点

床に対する楽器の傾きと角度

　ヴァイオリンを少し傾けて構えると、E線は弾きやすくなります。E線に支えられて、弓が弦の上にうまく乗っている感覚が得られるからです。しかし、楽器を傾け過ぎると弓の持ち方が不自然になり、それが原因でE線の音色が悪くなることは、一般的によく見られます。

　かといって、ヴァイオリンを平らに構えると、今度はG線が弾きにくくなります。右上腕が不自然に高くなり、G線で4の指を届かせようとすると左上腕が右へ引っ張られ、筋肉を緊張させるからです。

　したがって、ヴァイオリンを構える時の最良な傾きとは、E線が弓を十分に支えることができ、同時にG線で4の指が届きやすい角度といえます。パッセージによっては、E線を弾く時にはあまり傾けず、G線を弾く時に傾きを大きくすると良いでしょう。

　ヴァイオリンの胴体が床に対して平行な時、ネックは駒より下がっています。ですから、弦を水平にするためにはスクロールを幾分上げなければなりません。特にハイポジションでは、指板は駒に向かって下がっているほうが弓を良い場所に保ちやすくなります。ということは、スクロールはかなり上に上がっていなければならないということです。多くのヴァイオリン奏者（と、楽器が長くて重いヴィオラ奏者）はスクロールを下げすぎて弾いています。それでは、弓が急勾配の下り坂に乗っているようなものです。

54　弓の張力

　弓を使う上での主要な要素は、竿と毛の弾力です。ヴァイオリニストは弓そのものではなく、弓の持つ力を借りて弾いているのです。元半弓で弾く時の感触が先半弓で弾く時と異なるのは、毛と竿の弾力性が違うからです。

元で：毛がしなり、竿はしならない。
先で：竿がしなり、毛はしならない。
中弓で：毛と竿が同じように弾力を持っている。

　1ページの**写真1(a)(b)**のように、元弓で押さえると毛がしなり、先弓で押さえると（弓の真ん中で）竿がしなります。

　次のパッセージは、先半弓を使った幅の広いデタシェで弾きますが、奏者は弓の真ん中で竿がしなるのを感じるでしょう。弓の毛が弦に接していると感じるだけでは演奏できません。

《ヴァイオリン協奏曲》op.77 第1楽章
ブラームス

B 音をつくる

《ツィゴイネルワイゼン》の例では、逆のこともいえます。ここでは 16 分音符を元半弓で深く弦に入った幅の狭い弓で弾き、四つの音の始めから終わりまで毛が'凹んでいるように'弦に毛を深く沈めます。このパッセージでは竿で何かを感じて弾くのは難しいでしょう。

《ツィゴイネルワイゼン》op.20
サラサーテ

1. 元弓を、人差し指近くの弦の上に置きます。
   弓を動かさずに、毛を重く弦に押しあてます。毛は完全にしなり、竿は柔軟性がありません。弦に触れている毛が'凹んで'、竿のしなりは圧力では変わりません。
2. 先弓で同じように、毛を弦に重く圧力をかけて入り込ませます。
   今度は、中弓で竿が容易にたわみ、毛はしなりません。弦に触れている毛は、圧力では'凹み'ません。
3. 竿と毛が同等にしなる弓の中ほどで、圧力をかけます。
4. まだ弾かずに、1cm ほどの間隔で全弓にわたって上がったり下がったりし、何回も圧力をかけます。毛と竿のたわみ方の違いに注意しましょう。
5. 元、中、先で短い下げ弓、上げ弓の1音を f で弾きます。弓のそれぞれの場所での、竿と毛の感覚の違いに注意しましょう。
6. 竿と毛に重たく入り込ませて、各弦を全弓で弾きます。弓の異なる部分での'しなり'の変化を感じましょう。

55 弦の張力

弓の摩擦によって、弦は左右に押されたり、引っぱられたりします。弓のストロークをスローモーションで見ると、下げ弓の時に毛が弦を'キャッチ'し、右へ引っ張っているのが分かります。さらに弓を引っ張り弦が'たわむ'と、弦が突然パチンと戻ってしまうまで張力は高まります。毛が即座に再び弦を捕え、'キャッチ→引っ張る→パチンと戻る→キャッチ'と何度も繰り返します。上げ弓の時は、同じように弦の張力が高まるまで、左へ押しています。弓の動きが速すぎたり軽すぎたりすると、ヒューという口笛のような音がします。毛が弦を捕えずに表面を滑ってしまうからです。圧力をかけすぎる場合は、弦が毛の下で自由に左右に動けないので、破れたような、きしり音がします。

写真26
弓が下げ弓で弦を横に引っ張っている。弦がパチンと跳ね返ろうとしているところ

この練習では、毛が弦をキャッチ→引っ張り→解放を同時に行うことによって、'クリック'音をつくります。'クリック'は、コレ、マルトレ、鋭いアクセントのストロークで発音をする時の音です。

1. 弦に沿って弓を動かさず、毛で弦を重たく押してつかみます。同時に下げ弓で、できる限りゆっくりと弦を右へ引っ張り始めます（**写真26**）。
2. 少しずつ、より一層引っ張り、弦が鋭い'クリック'音とともに突然跳ね返るまで張力を上げていきます。
3. 弦が跳ね返る時、弓が再び弦をキャッチできるように弓を弦から離さないでおきます。そのようにして、キャッチ→引っ張る→クリック→キャッチ、引っ張る→クリック→キャッチなどと、連続して行います。1秒に1回クリックする速さで行います。
4. 上げ弓の時は弦を左へ押すようにして、同様に行います。

1回に一つのクリック音が鳴るようにします。各弦で、駒から色々な距離で、そして、元弓、中弓、先弓で練習します。

共 鳴

A線の3の指のレの音のように、とても短く弾いても共鳴する音は弾き終えた後にも響きが残ります（共鳴音）。その音を長く弾いた場合は、弾いている間も弾き終わった後と同じように響いていなければなりません。実音だけでなく共鳴音も聴くことによって、奏者はより美しい音づくりができるようになります。

⑤⑥【練習1】

シンプルですが効果的な練習です。よく響くまろやかな音で弦をはじき、その響きを聴きます。スズキ・メソードではその響きを'弦の共鳴の一点'と呼んでいます。次に、同じ響きを弓で弾いて聴いてみましょう。

⑤⑦【練習2】

1. ヴィブラートをかけずに、元弓でとても短いストロークを弾きます（1小節目）。即座に弓を上げ（譜例の ∥ ）そして何秒間か、その響きが鳴っているのを聴きます。できるだけ長く響きが残る弾き方を探しましょう。その時、レの音が完全にD線の開放弦と同じ音程であることが大切です。
2. 徐々にストロークを長くしていきます（2～5小節目）。弾き終わった後と同じように、音が鳴っている間も響きを聴きましょう（4～5小節目）。
3. 弓を返し（6～8小節目）、一つのストロークから次の音の始まりの時に、隙間があいたり雑音が入ったりしないようにしっかり繋げ、そして弓を上げます。弓の返しの間に共鳴の響きを聴きます。
4. 弓を上げずにストロークを続けて弾きます（9小節目）。音色を構成する、次の三つの異なる響きを聴きましょう。実際に弾いている音、弦を弓の毛が擦る表面的な雑音、持続する共鳴音。

各弦の様々なポジションやサウンドポイント[1]で、指で押さえてつくるソ、レ、ラ、ミの音を練習しましょう。

⑤⑧【練習3】

1. 一弓で音をいくつか弾き、それぞれの音の間で弦から弓を少し上げます。音を鳴らしている間も弓を上げている間も、同じように続く共鳴音を聴きます。
2. 弦の上に弓をしっかりつけたまま、同じように行います。各ストロークの間で弓を止めます。ストロークの間も、弓が弦の上で止まっている時も、共鳴音を聴きましょう。
3. 同じことを各サウンドポイントで行います。駒の近くでは弦が大変硬く、また指板の上では弦がとても柔らかいために、弦を捕らえることが難しい場所ですが、練習してみてください。

---

[1] 41ページの「5つのサウンドポイント」を参照。

B 音をつくる

59 【練習 4】

この練習は聴く力を伸ばし、音色を豊かにします。'共鳴しない音'（例えばラ♭）も '共鳴する音'（ソ、レ、ラ、ミ）[1] と同じように聴きましょう。

1. 一つの音を強調して弾き、弓を上げ、響きを聴きます。
2. 始めの二つの音をスムーズに繋げて弾き、2番目の音を強調します。一つ目の音で共鳴が聴こえ、後から二つ目の音の響きが聴こえるでしょう。
3. 始めの三つの音をスムーズに繋げて弾き、3番目の音を強調します。1番目、2番目の音で響きが聴こえ、後から3番目の音の響きが聴こえます。一つずつ音を増やし、音階にしていきます。

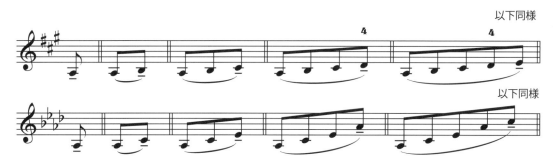

始めはヴィブラートをかけず、弓だけで最大限の共鳴音をつくります。次にヴィブラートを使い、共鳴音が長く残るように、特に最後の音にヴィブラートをかけます。

各弦の色々なポジションで行います。曲のパッセージの練習としても良い方法です。

60 弓の傾き

弓は頻繁に傾きを変化させなければいけません。弓の毛を多く使うと強く深く厚みのある音になり、弓の毛を減らすと、より *p* でドルチェに演奏できます。弓の毛の分量を変えると、弓を浮かすことができます。元弓1／4で弓の毛をやや傾けると、色々な変化をつくりやすくなります。

- 平らな毛と傾けた毛の使い分けの練習です（竿を指板のほうへ傾けます）。毛の分量を調節するために、弓を指でころがします。手の動きを使っても良いでしょう。
- 一音を、全弓の上げ弓、下げ弓で継続して弾きます。弓の毛をすべて使うと音はより豊かに厚みを増しますが、ずっと均等で強くなければなりません。
- 始めはサウンドポイント2で練習し、次に3、4で行います。

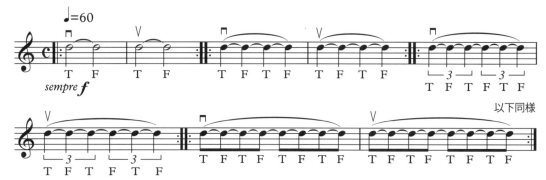

1. 一弓で '傾ける→平らにする' のコンビネーションを1組弾きます（1～2小節目）。弓は正確に半分ずつ使います。
   下げ弓：元半弓は傾け、先半弓は平ら。
   上げ弓：先半弓は傾け、元半弓は平ら。
2. 一弓で2組弾きます（3～4小節目）、弓は完全に四等分で弾きます。
3. 3、4、6、8組のコンビネーションを一弓で弾きます。譜例では4組までを示しています。
4. 順序を逆にし、毛を全部使った練習から始めます。
   下げ弓：元半弓は平ら、先半弓は傾ける。
   上げ弓：先半弓は平ら、元半弓は傾ける、等。

各弦の異なるポジションで、色々な音を使って弾きましょう。単音と同様に重音でも練習してください。

---

[1] もし、'共鳴しない音' で、まったく響きを聴きとることができないと思った場合は、ヴァイオリンのボディを空っぽの共鳴箱ではなく、密で堅いもののようにイメージしてみましょう。また、ラ♭のような音は、'共鳴しない音' なので、普通に聴こえる響きは、'共鳴する音' ほどではありません。

真のレガート

音をはっきりさせるためや音楽的な理由により、本当のレガートの代わりに少しポルタートを使わねばならないことがあります。しかし通常、ストロークは完全にスムーズで、指の縦の動きは弓の横の動きに影響を与えてはいけません。

61 【練習1】

1. 全弓で開放弦をしっかりと均等に弾きます。
2. 開放弦を弾いたまま、指で隣の弦（譜例の×）を叩きます。指はヴィブラートとともに速くはっきりと動かします。開放弦はなめらかに弾くような感覚を（実際の響きもそのように）保ちます。
3. 指と弓を同じ弦上で弾きます。ボウイングは前と同じようになめらかでしっかりとしていなくてはいけません。

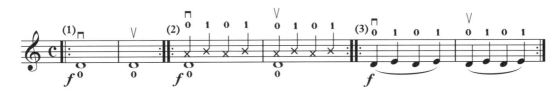

同じ練習をすべての2音の組み合わせで行います（**0 1, 0 2, 0 3, 0 4；1 2, 1 3, 1 4；2 3, 2 4；3 4**）。他の弦、色々なポジションでも行います。

練習方法

この練習は技術全体の向上ばかりでなく、色々なレガートのパッセージを練習する時にも役立ちます。ブラームスの例では、指は通常どおりE線とA線に置き、弓はA線とD線を弾きます。また、指はA線に置き、弓はE線という方法でも弾いてみましょう。

グリーグの例では弓はGの開放弦で深い音色をつくり、指はD線に置きます。開放弦のストロークはレガートで、他の弦上の指の動きに影響されないようにします。

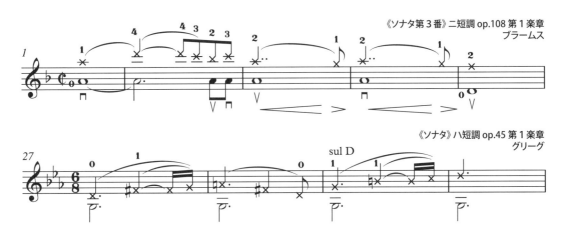

この練習では、移弦を含むパッセージにも良い結果をもたらすでしょう。

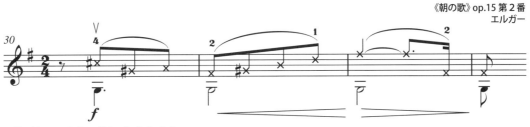

Used by permission of Novello & Co Ltd

B 音をつくる

62 【練習2】

- G線を弾き続けながら、指はD線で音階を上り下りします。
- 弓は指の動きに影響を受けずに、スムーズでなめらかに動かします。
- 次に音階を普通に弾き、弓が同じようになめらかに動くことを感じましょう。

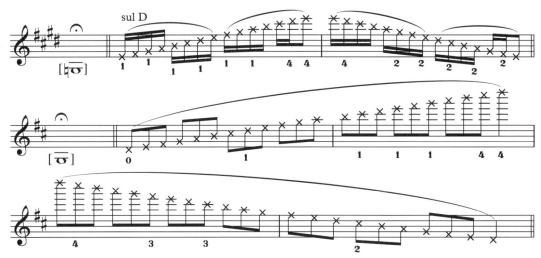

226 の音階を、指が押さえている弦とは別の弦を弓で弾きましょう。

63 発音

ストロークには、弦の上の空中から下ろして始める方法と、弦の上に弓を乗せた状態から始める方法の二つがあります。そして、(1) 鋭い発音 (2) 特にアタックを付けない発音 (3) いつの間にか音が出るスムーズな発音（始めの1mmは pp、次の1mmは p、その次は mp …）で音をつくります。

一つの音を2分音符で、上げ弓、下げ弓を交互に休符を入れて繰り返します。

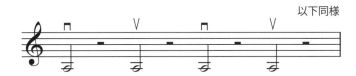

元半弓→中弓→先半弓で弾きます。弓の各箇所で、次の各ストロークを弾きます。それぞれを数回繰り返してから次の練習に移りましょう。

1. ストロークを始める前に弓を弦の上に置き、いつ音が出始めたか分からないほどスムーズに弾き始めます。
2. 弓を弦に乗せずに、同じように各音をスムーズに弾きます。色々な角度で弓を下ろしてみましょう。（飛行機が滑走路に着陸する時のように）水平に近い角度になるまで、また、色々な速さでも弓を下ろしてみましょう。
3. 弓を弦に乗せた状態から、クリアに発音させて弾きます。ストロークの始まりから、弾き続けている時の音とまったく変わらなく聴こえるように弾きます。
4. 弓を弦に乗せずに、クリアに発音させて弾きます。弓を下ろす色々な速さと角度を試してみましょう。
5. ストロークを始める前に弓を弦の上に置き、マルトレのように'噛む'発音で弾き始めます。
6. 弓を弦に乗せずに、噛む発音で弾きます。これは一番パワフルな発音です。

各弦、色々なポジション、弦の太さや長さによって、発音が微妙に違っていなければなりません。この6種類の発音で、重音も弾いてみましょう。

5つのサウンドポイント

　フレッシュとガラミアンは特に、駒と指板の間（の弓と弦との接点）を5つの'サウンドポイント'（サウンディング・ポイント）に分けて考えました。フレッシュはそれぞれのサウンドポイントを、'駒のところ''駒の隣＝駒と中央の間''中央''指板の隣＝指板と中央の間''指板で'と呼びました[1]。

　写真27(a) は第1ポジションでの5つのサウンドポイントを示しています。楽器によって駒の高さや傾斜が異なるので、正確なサウンドポイントの位置もそれぞれ異なります。

　5つのサウンドポイントを使って練習した場合、左手のポジションが高くなればなるほど、サウンドポイントはどんどん駒に近づきます。**写真27(b)** は第9ポジションでの5つのサウンドポジションを示しています。

　生徒に教える時は、それぞれのサウンドポイントに名前を付けると（「3番で」「2番で」など）分かりやすいでしょう。

　低いポジションでは、G線とD線は硬くて太いため、駒の近くでは簡単に鳴らすことができません。A線とE線は、指板の近くでは柔らかすぎるため、最小の圧力でさえも強すぎるほどです（4弦で和音を弾く場合は、低い弦は駒から遠く、高い弦は駒の近くで弾くときれいに聴こえます）。とはいえ、駒からの色々な距離をすべての可能性で練習しましょう。

　1音で音色の練習をする時、簡単に鳴る開放弦は使いません。まず、D線やA線の3の指の共鳴する音で始め、次に2の指のド♯のような共鳴しない音で練習しましょう。

写真27

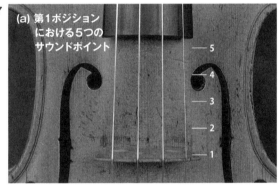
(a) 第1ポジションにおける5つのサウンドポイント

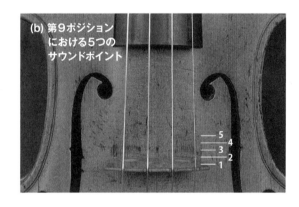
(b) 第9ポジションにおける5つのサウンドポイント

練習方法

　通常は音・フレーズごとに異なるサウンドポイントで弾きますが、スピードと圧力の良いバランスを見つけるために、まず、一つのサウンドポイントだけで練習します。**写真27(a)** のサウンドポイントを参照してください。

- サウンドポイント5で、速く軽いストロークを使います。正しいスピードと圧力を見つけるため、できるだけ弦を幅広く振動させ、良く共鳴して響く音をつくりましょう。
- サウンドポイント4で、一つのフレーズやパッセージを繰り返し弾きます。まだ速くて軽いストロークですが、先程よりはややゆっくりで重くなります。正しいスピードと圧力を見つけるため、できるだけ弦を幅広く振動させましょう。
- サウンドポイント3で繰り返します。サウンドポイント5に比べると弓の圧力が著しく重く、スピードは遅くなります。弓を少なく使うか、テンポを落とし、正しいスピードと圧力を見つけるため、できるだけ弦を幅広く振動させます。
- サウンドポイント2で繰り返します。ここでは弓の圧力は相当重く、弓のスピードはかなりゆっくりになります。ゆっくりなテンポで弓を弦に深く沈め、弓の竿と毛の'しなり'の違いを感じましょう[2]。正しいスピードと圧力を見つけるため、できるだけ弦を幅広く振動させます。
- 可能ならば、サウンドポイント1で繰り返します。フレーズやパッセージをとてもゆっくり弾いてください。弓のスピードはゆっくりで、圧力もとても重くなります。正しいスピードと圧力のバランスを見つけるため、できるだけ弦を幅広く振動させましょう。

---

[1] カール・フレッシュ『Problems of Tone Production in Violin Playing』(Baden-Baden,1931,18)

[2] 35ページの「弓の張力」を参照。

64 サウンドポイントの練習：全弓で

　低いポジションの駒の近くでは弦が硬いので、弓をとても遅く重く弾かなければなりません。指板の近くでは弦の張力がとてもわずかなので、弓は速く軽くなければなりません。弦に十分な圧力は必要ですが、逆に多過ぎると圧力は弦を横に引っ張って音色を損なうことになります。純粋で美しい音色にするために、圧力は弓のスピードに見合うものでなければなりません。

1. サウンドポイント5を、全弓の連続した上げ弓、下げ弓でヴィブラート無しで弾きます。
　圧力を増やしたり減らしたり、弓のスピードを速めたり、遅めたりして、弦が一番幅広く振動する弓のスピードと圧力のバランスを探します。耳で聴くとともに、目でも弦の振動を見ましょう（わずかな加圧によって弦の振動が減り、少し弓を速く使うと振動が増えるなど）。
2. 弓のスピードと圧力のバランスがベストの関係にあると確信できたら（弦の振動が一番幅広い時）、少しヴィブラートを加えます。楽器がよく響いている時の音を聴きましょう。
3. サウンドポイント4を、ヴィブラート無しで始めます。弦が最大限に幅広く振動するスピードと圧力の良いバランスを見つけたら、そこでヴィブラートを加えます。同様にサウンドポイント3, 2, 1でも行います。だんだん弓は駒に近づき、スピードはより遅く、圧力はより増えていきます。

　一つのサウンドポイントで弾く時、弓は駒と完全に平行になり、音はまったく濁りなく響いていなければなりません。ほんの少しの余計な圧力が、弦の振動の幅を狭くすることに注意しましょう。

　各弦で低いポジション、中位、高いポジションと弾いていくと、サウンドポイントは少しずつ駒に近づきます。重音でも弾いてみましょう。

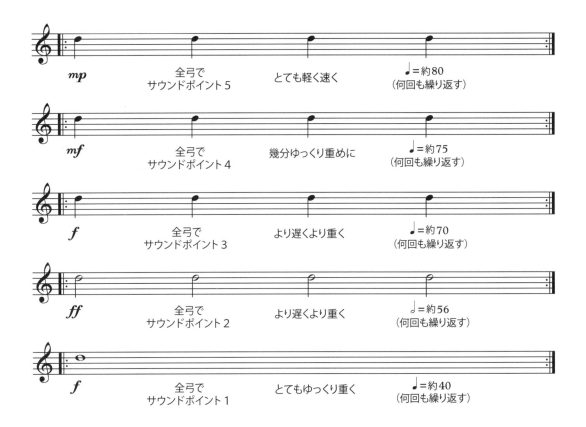

65 サウンドポイントの練習：短い弓で

1. ヴィブラート無しで弾きます。サウンドポイント5で弓を10〜12cm使って弾きます。16分音符または32分音符でストロークを弾き、弓を軽く速く動かします。

   64 と同様、耳で聴くとともに、目でも弦の振動を見ましょう。ほんのわずかの余計な圧力が弦の振動の幅を狭くし、圧力を減らす（または弓をより長く使う）と振動が大きくなるのが分かるでしょう。

2. ストロークを止めずにサウンドポイント5から4へ移動して、その場所で弦が最大限に幅広く振動するスピードと圧力のバランスを見つけましょう。

3. サウンドポイント3、2、1まで同様に行い、2、3、4、5と戻ります。サウンドポイント1は弓のスピードはとても遅く、圧力は重くしなければなりません。サウンドポイントを変える時にストロークを止めてはいけません。

4. 中弓10〜12cmを使って同じ手順で繰り返します。また、元弓でも繰り返しましょう。

5. 先弓、中弓、元弓25cmを使って同じように繰り返しましょう。

   各弦で低いポジション、中位、高いポジションと弾いていくと、サウンドポイントは少しずつ駒に近づきます（**写真27(b)**）。重音でも弾いてみましょう。

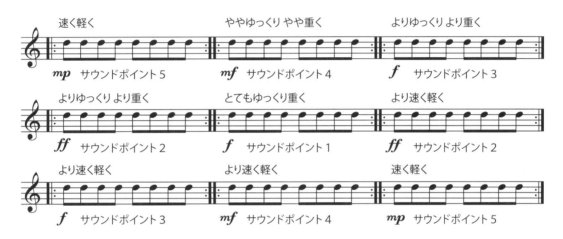

66 サウンドポイントの練習：使う弓の長さを変えて

1拍に二弓（ふたゆみ）弾きます。♩=56で始め、♩=約75まで上げていきます。

1. 弓の真ん中を使ってサウンドポイント5で弾きます。短い弓で音を保ち、弦が最大に幅広く振動するスピードと圧力のバランスを見つけましょう。

2. 全弓まで少しずつ弓を長く使っていきます。純粋な無理のない音色で、弓のスピードを速めながら圧力も増やします。

3. 中弓に戻るまで、少しずつ弓を短くしていきます。

4. 中弓で短い弓の繰り返しを止めないで、サウンドポイント4に移動して練習を繰り返します。同様にサウンドポイント3と2でも行います。

ストロークが長くなるにつれ、ボウイングがぎこちなく音が均等でなくなると感じるでしょう。自然で自由な腕の動きを妨げないように、腕、手、指のすべてをリラックスさせましょう。

各弦で低いポジション、中位、高いポジションと弾いていくと、サウンドポイントは駒に近づきます（**写真27(b)**）。重音でも弾いてみましょう。

B 音をつくる

67 サウンドポイントを変えること

39 「弦に対する弓の角度」を参照。

- 全弓の上げ弓、下げ弓で一つの音を切れないように続け、ヴィブラート無しで弾きましょう。
- 全弓のストロークの間、弓を駒に近づけたり離したりします。下げ弓1回につき、指板→駒→指板、そして上げ弓も同様に弾きます。次に一弓で2回、3回…と行います。

弓がサウンドポイントを往復する間、音は濁りなく良く響いていなければなりません。

指板→駒→指板の動きを一弓に1回ずつ
下げ弓　元弓＝サウンドポイント5、中弓＝サウンドポイント1、先弓＝サウンドポイント5
上げ弓　先弓＝サウンドポイント5、中弓＝サウンドポイント1、元弓＝サウンドポイント5

1. 元で弓をサウンドポイント5に置きます。弓を'アウト'の角度にします（**写真28(a)**）。元から中弓まで弾きながら、駒の方へ動かします（**写真28(b)**）。わざとサウンドポイントを変えるのではなく、駒に対する角度によって弓が流れるのにまかせましょう。
2. 中弓で駒に到達したら弓を'イン'の角度にします（**写真28(c)**）。弓を止めずに、再びサウンドポイント5に滑って戻ってくるまで下げ弓で弾きます（**写真28(d)**）。
3. 下げ弓の終わりで指板に戻ってきたら、弓を'イン'の角度に保ちましょう（**写真28(d)**）。そして先弓から中弓へ、弓を駒のほうへ滑らせるように弾きましょう（**写真28(c)**）。
4. 中弓で駒へ到達したら、弓を'アウト'の角度にします（**写真28(b)**）。弓を止めずに、再びサウンドポイント5に滑って戻ってくるまで上げ弓で弾きましょう（**写真28(a)**）。

    上げ弓、下げ弓のスピードパターンは<u>速い</u>→<u>遅い</u>→<u>速い</u>、圧力のパターンは<u>軽い</u>→<u>重い</u>→<u>軽い</u>。

    サウンドポイント5では弓をより傾け、サウンドポイント2と1では毛を平らに使いましょう。

写真28

(a) アウトの角度

(b) アウトの角度

(c) インの角度

(d) インの角度

各弓で2回ずつ、回数を増やし、指板→駒→指板

- 元で弓をサウンドポイント4に置きます。駒に到達するまで下げ弓で1／4を使います。下げ弓を止めないで弓の角度を変えます。中弓までサウンドポイント4へ滑らせて戻ります。弓の角度を変えます。次に、先半弓で同じことを行います。上げ弓でも繰り返します。
- 今度は、3回、4回…8回と駒に近づけたり離れたりします。回数が増えるごとに、より駒に近いところから始め、サウンドポイント2−1で弾き終えます。各弦で、低いポジション、中位のポジションで行います。重音でも弾いてみましょう。

他の方法

まっすぐな弓で腕を使い、駒に近づけたり遠ざけたりします。

68 異なるサウンドポイントで、同じスピードで

速いストロークの時でも弓は弦をしっかりと捕えていなければなりません。指板の近くで弓を速く動かす時は、弦がとても柔らかいので圧力を減らさなければなりません。駒の近くで弓を速く動かす時は、弦がとても硬いので圧力が多く必要です。この練習では弓のスピードを一定に保ちながらサウンドポイントを変える時の、圧力の違いに注目してください。

弓のスピードが変わらないように（弓の長さも変えてはいけません）、メトロノームを使って練習しましょう。

1. サウンドポイント5で、ヴィブラート無しの全弓で弾きます。64と同様、弦ができる限り幅広く振動するスピードと圧力のバランスを見つけましょう。
2. 次に、弓のスピードを変えずに（弓の長さも）、サウンドポイント4へ移動します。圧力を増やし、サウンドポイント4で弦ができる限り幅広く振動するまで圧力を調節しましょう。
3. スピードと弓の長さを変えないまま、サウンドポイント3で繰り返し、次にサウンドポイント2で弾きます。
4. 駒にできる限り近づいたら、再びアウトの方へ、それぞれのサウンドポイントで圧力を減らしながら、指板まで戻りましょう。

各弦の、低いポジション→中位→高いポジションで弾きます。ハイポジションではサウンドポイントは駒に近づきます（**写真27(b)**）。

B 音をつくる

69 異なるサウンドポイントで、同じ圧力で

通常は弓を駒に近づけたり遠ざけたりする時、スピードと圧力とサウンドポイントのバランスを正しく保つために、圧力を変えなければなりません。しかし、その代わりに弓のスピードを変化させれば、圧力を（ほとんど）同じまま保つことができます。

1. サウンドポイント1で、ヴィブラート無しの中弓を1cmほど使います。弦が一番幅広く振動するスピードと圧力のバランスを見つけましょう。
2. 次に、「圧力を変えずに」サウンドポイント2へ移動しましょう。弓をもっと長く使ってスピードを上げます。再び弦が可能な限り幅広く振動するまで、サウンドポイント2でスピード（＝弓の長さ）を調節します。
3. サウンドポイント3へ移動し、音色を損なわないように弓を多く使いながら、圧力は変えないで弾きます。全弓を使ってサウンドポイント3－4で繰り返します。
4. できる限り指板に近づいたら再び駒の方へ移動し、今度は各サウンドポイントにおいて弓の長さを短くしていき、サウンドポイント1へ戻ります。各サウンドポイントで音色を美しく保つよう、弓のスピード（長さ）だけを変え、まったく同じ圧力で弾きます。

各弦の低いポジション→中位→高いポジションで弾きます。ハイポジションではサウンドポイントは駒に近づきます（**写真27(b)**）。

70 各サウンドポイントでのリズム練習

各サウンドポイントで、色々なボウイングとリズムのパターンを弾きます。それぞれ、指板の近くで速く、駒の近くでゆっくりと弾きましょう。強弱、サウンドポイントや弓の長さなどに関わらず、最も響くきれいな音で弾きます。

1. サウンドポイント5で始めます。楽器が良く響く美しい音でリズム・パターンを何回か繰り返しながら、弦ができる限り幅広く振動するスピードと圧力のバランスを試します。
2. スピードと圧力が両方とも完璧になったら、弓をサウンドポイント4へ移動させ、再び弦ができる限り幅広く振動する正しいスピードと圧力を探します。サウンドポイント3、2、1と行い、再び2、3、4、5と戻りましょう。

サウンドポイント2、3、4、5と逆の順序でも続けます。

先、中、元で弓を１／４使います。さらに、もっと弓を使う→４分音符に半弓→先→中→元半弓で弾きます。

各ヴァリエーションを下げ弓と同じように、上げ弓からも弾きます。

他のポジション

同じ音を異なる弦の様々な音域で弾きます。

高いポジションでは、サウンドポイントは駒に近づきます（**写真27(b)**）。

色々な音で異なるボウイングのパターンでも行いましょう。少しの練習で、良い結果が得られるでしょう。ただし、次のサウンドポイントに移る前には常に、音色が完全に美しいかどうかを確かめてください。

弓の速さ

音色のニュアンスは、弓のスピードと圧力と駒からの距離によってつくられます。より多い圧力でスピードを抑えて弾くボウイングでは、実の詰まった暗く濃い音色になります。オープンで自由な饒舌に響く音をつくるためには、弓の圧力ではなく、スピードを速くすることが必要です。

71 速度練習

この練習では「速い→遅い」ストロークを使います。ストロークは弾き始めた後、即座に遅くし、そのスピードが変わる瞬間に音が消えないようにします。練習の目的は速いストロークの間に弦を幅広く振動させることであり、音のはっきりとした発音のためにはスピードが必要です。

音をよく聴くと同時に、弦の振動を見ましょう。各ストロークの始めの部分で、弦をできるだけ幅広く振動させるスピードと圧力のバランスを見つけましょう。

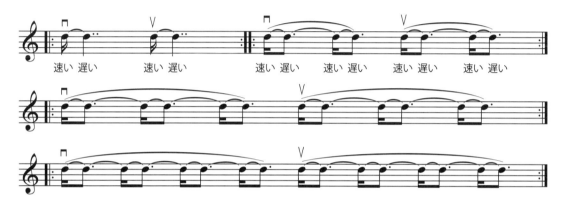

1. 一弓で1回、「速い→遅い」のストロークから始めます。ヴィブラートをかけずに駒から約1cmのところで弾きます。
2. ストロークのスピードの速い部分では弓を長く圧力を増やし、ゆっくりの部分では弓の長さと圧力を減らします。しかし、ストロークの速い部分での圧力をできるだけ減らし、弓と弦が良く噛み合うだけにします。弓が縦に弦を掘るのではなく、弦に沿って水平に'浮かす'ようにします。
3. 次に、弓を半分に分け、元半弓で「速い→遅い」を1回弾き、先半弓でもう一度弾きます。ただし、一つの動きでなければいけません。
4. 次に一弓で「速い→遅い」の動きを3回、そして4、6、8、9、12、16、20、24、28、32回と増やします。譜例は一弓4回の方法を表しています。12回以上は、4回を一つのグループとして数えます。この練習は、一つの切れ目のない持続した音の中で脈打つように聴こえる、持続する共鳴音の響きを聴きましょう[1]。

始めは指板と駒の間、次に指板でも弾きます。各弦の異なるポジションで、そして重音でも弾きましょう。

テンポ

一弓で弾く「速い→遅い」の回数を増やすと、テンポが速くなります。例えば、譜例の1小節目（一弓で1回の「速い→遅い」）を♩=約52で弾き、2小節目は一弓で2回の「速い→遅い」を♩=52で弾くように、「速い→遅い」1回を4分音符1拍と考えます。12回の「速い→遅い」の動きは、♩=63で1拍に4回ずつ、32回の動きは♩=76で1拍に4回ずつ行います。

ヴァリエーション

弓をなめらかに安定して動かすための練習です。
- まず、上げ弓、下げ弓を全弓で、均等に響きを保った音で弾きます。
- サウンドポイント2で、これから練習する「速い→遅い」のテンポで弾きます。
- 「速い→遅い」のストロークを、弓と腕がスムーズに均等に動いていることを感じながら弾きましょう。

---
[1] 37ページの「共鳴」を参照。

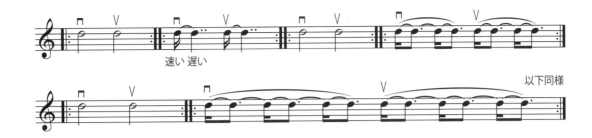

色々なサウンドポイントにおける速度練習

72 【練習1】

　一弓で8回と16回の「速い→遅い」を弾きます。響きが完全に美しくなめらかになるように、各サウンドポイントにマッチするスピードと圧力を調節しましょう。駒の近くでは弓を少しだけ使います。

5, 4, 3, 2, 1 ＝サウンドポイント

　次の例の斜線は視覚的に分かりやすくしたもので、実際は音を切らずに弾きます。

1. 一弓で一度駒に近づけ、そして遠ざけます。各サウンドポイントで「速い→遅い」を1回弾きます。

2. 一弓で一度駒に近づけ、そして遠ざけます。各サウンドポイントで「速い→遅い」を2回ずつ弾きます。

3. 一弓で二度駒に近づけ、そして遠ざけます。各サウンドポイントで「速い→遅い」を1回弾きます。

4. 一弓で二度駒に近づけ、そして遠ざけます。各サウンドポイントで「速い→遅い」を2回ずつ弾きます。

各弦で練習しましょう。

ヴァリエーション

　順序を逆にします。弾き始めと弾き終わりをサウンドポイント1の近くで行い、駒から遠ざけ、そして近づけます。駒の近くでの弓の絶妙なコントロールが必要です。

50 B 音をつくる

73 【練習2】

速度練習を、指板と駒の間を行ったり来たりしながら行います。譜例は一弓に3回までの「速い→遅い」しか示していませんが、4、6、8、9、12、16、20、24、28、32回まで続けます。

- 下げ弓 *p* - クレッシェンド - *f*
  上げ弓 *f* - ディミヌエンド - *p*
- この練習では、弓の角度を少し「アウト」にします[1]。

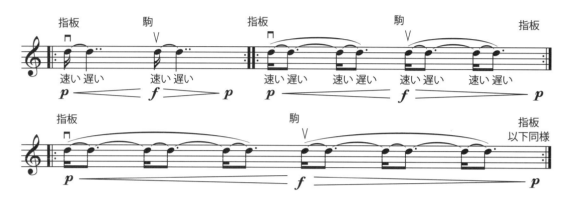

- 下げ弓 *f* - ディミヌエンド - *p*
  上げ弓 *p* - クレッシェンド - *f*
- この練習では、弓の角度を少し「イン」にします。

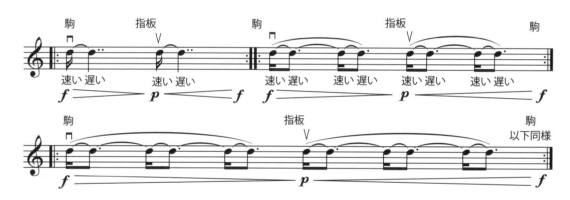

各弦で練習しましょう。

74 分散3度の速度練習

一番充実した音をつくるための速度、圧力、サウンドポイントのバランスは、弾く弦の長さによって決まります。つまり、音が変わるごとにバランスも変わるのです。弦の太さや張力が異なるため、弦によっても最良のバランスは変わります。理想的な練習方法は、分散3度の音階を色々な音域やポジションで弾き、弓の毛に対する弦の異なるすべての反応を試みることです。

次のように長調、短調の2オクターヴの音階を一つのポジションで、移弦しながら弾きましょう。

1. イ長(短)調（第1ポジション）
2. ホ長(短)調（第5ポジション）
3. イ長(短)調（第8ポジション）

---
[1] 23ページの写真25を参照。

次の譜例は一弓で「速い→遅い」を1、2、3、4回と弾く練習です。同じように、一弓で6、8、12回と続けましょう（さらに16、24回と続けるとスタッカートの良い練習になります）。

不規則な速度練習

75 【練習1】

H ＝元弓　　P.O.B. ＝ポイント・オブ・バランス
M ＝中弓　　Pt ＝先弓　　UH ＝先半弓

3回のストロークで「2/3、1/3、2/3」のように弓を配分すると、アクセントを付けずに弓を先の方や元の方へ移動させることができます。

次の譜例の(1)は、「2/3、1/3、2/3」と弓を使うことで、元で始まり先で終わる方法を示しています。この弓の配分にすると、どれか一つの音に特別なアクセントを付けず、均等に弾けます。(2)(3)は、一つの音に弓を多く使うと（元から先まで）、不要なアクセントが付いてしまうことを示しています。

次のバッハの譜例では、ポイント・オブ・バランスで中弓から先半弓を使い、「2/3、1/3、2/3」の配分で弾きます。次ページのシベリウスの例では、元から先まで全弓にわたって「2/3、1/3、2/3」の配分で弾きます。どちらも、「1/3、1/3、2/3」や「2/3、1/3、1/3」という配分では、不要なアクセントが付いてしまいます。

《パルティータ》ニ短調 BWV1004 より〈アルマンド〉
J.S.バッハ

B 音をつくる

《ヴァイオリン協奏曲》ニ短調 op.47 より 第1楽章
シベリウス

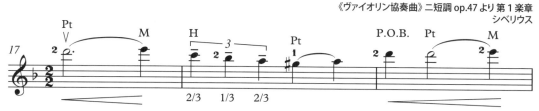

© Copyright 1905 by Robert Lienau, Berlin
Reproduced by kind permission of the publishers

あたかも各音で同じ長さの弓を使っているかのように、音を均等に弾きましょう。

● 全弓で。1小節目は元で始め、2小節目は先から、3小節目は元からと続けます。

● 半弓で。元半弓、中弓、先半弓それぞれ同じ配分で弾きます。

各ストロークを均等に保ち、隙間なく次のストロークに繋げます。*f* では弓を弦に深く沈めたまま保ち、また、*p* でも弾いてみましょう。

76 【練習2】

クロイツェルの《42のエチュード・カプリス第2番》（または同じような練習曲）を短く均等に保ったストロークで弾きます。

● 不均等な音が混ざらないように気をつけながら、全弓にわたって少しずつ先から元、元から先へと弓を動かします。あたかも普通に弓の一箇所で弾いているかのように演奏しましょう。

《42のエチュード・カプリス 第2番》
クロイツェル

● 付点のリズムでも同様に練習しましょう。

77 【練習3】

この練習を効果的に行うためには、長い音に長い弓、短い音に短い弓を使うのではなく、下げ弓も上げ弓も同じ長さの弓を使いましょう。例えば、4分音符は2分音符の2倍の速さの弓を使います。ゆっくりのストロークよりも速いストロークの時にアクセントが付かないように、圧力や、必要な場合はサウンドポイントを変えることによって、完全に均一な音色・音量で弾きましょう。

次のような弓の位置で弾きます。
1. 1／4弓で。元弓、中弓、先弓で
2. 半弓で。元半弓、中半弓、先半弓で
3. 全弓で

B 音をつくる

弓の圧力

弦を一番よく振動させる（弓の毛で弦を横に大きく揺らす）ためには、速度に対する圧力のバランスが的確でなければなりません。弓にどのくらいの圧力をかけるかは、駒からの距離によりますが、ほんの少し圧力が加わることで、弦の揺れる自由を制限してしまいます。軽くオープンでよく歌う音をつくるには、弦が自由に横に揺れるように、弓の圧力よりもスピードを多く使います。スピードに対して圧力が大きいと、暗くリッチな音色になります。

78 弓圧の練習

レオポルド・モーツァルトはこの練習方法を教えた最初の一人です[1]。最近では、カペーとその弟子ガラミアンによって教えられた重要な練習方法で、チェリストには'カザルスの練習'として知られています。ドゥニスは練習のヴァリエーションで曲をつくりました（55ページ参照）。

この練習では音の始まりを強く大きく、そして次に弱く、と変化させるストロークを使います。この目的は、よく響く豊かな音を見つけること、しなりの感覚と弓の抵抗を音色に結びつけること、弓の毛と弦とが音と調和することです。

- 全弓で一つの音をヴィブラート無しで弾きます。
- 下げ弓で $f \to p$ を1回、次に、上げ弓で1回弾きます。そして一弓につき2回ずつ $f \to p$ を弾き、3、4、6、8、9、12、16、20、24、28、32回と増やしていきます。次の例は一弓で4回弾く練習までを示しています。

- 弓の上げ下げには腕を使い、f をつくるには手を使います。
- f の時は、力づくではなくできるだけ大きな音で弾きます。圧力がかかりすぎて音程が低くならないよう、よく聴きましょう。音が潰れてしまわないように、p よりも f の時に弓の速度を速めます（弓を多く使います）。
- *subito* f と *subito* p で、クレッシェンドやディミヌエンドをしないで弾きます。f と p の間で音が途切れてはいけません。
- f の時は駒の近くで、p の時はやや駒から遠ざけて、一弓で1回か2回の $f \to p$ を弾きます。$f \to p$ を3回以上弾く時はサウンドポイント2で、サウンドポイントを変えずに弾きます。
- 始めのうちは、f と p を二つの独立した動きで行います。4回以上 $f \to p$ を入れる場合は $f \to p$ を一つの動きにします。すなわち f の後、ゆるめるのです。するとこの練習は、一つの切れ目のない持続した音の中で心臓の鼓動のように聴こえてきます。持続する共鳴音の響きを聴きましょう[2]。
- $f \to p$ が一弓3回までは、f で弓の毛を立て p で寝かせます。もっと回数が増えた場合は、弓の毛を立てたり寝かせたりせず、ずっと3/4弓を使います。
- 人差し指を弓から離して、同じ練習をしてみましょう。

各弦、色々なポジションで弾いてみましょう。弦の長さが短くなるほど、圧力は減らさなければなりません[3]。重音でも練習しましょう。

---

[1] 「一弓の中で大きい音と柔らかい音を交互に、4回・5回・6回、また、もっと何回も弾くことはよくあります。この練習を通して弓のどの部分でも力を入れたり抜いたり、ストロークの配分の練習を勤勉に積み重ねることによって、弓のコントロールが器用にできるようになり、そのコントロールによって純粋な音の響きを得ることができるのです」レオポルド・モーツァルト『A Treatise On The Fundamental Principles Of Violin Playing (Augsburg, 1756; Eng. trans. Editha Knocker, Oxford, 1948), 99.』

[2] 37ページの「共鳴」を参照。

[3] 57ページの「弓圧と弦長との関係」を参照。

テンポ

一弓の中で $f \to p$ の回数が増えると、テンポは速くなります。例えば、♩=60で1小節目を弾きます（一弓で1回の $f \to p$：f が2拍、p が2拍）。2小節目は一弓で2回の $f \to p$（♩=60で f が1拍、p が1拍）。12回の $f \to p$（♩=52で1拍に4回）。32回の $f \to p$（♩=76で1拍に4回）。

ヴァリエーション

「重い→軽い」の圧力を変える時に、弓を安定して淀みなく流れるように弾くための練習です。

● 全弓の上げ弓、下げ弓で均等で持続した音を弾きましょう。

● サウンドポイント2で「速い→遅い」のストロークを弾く時のテンポで弾きます。

● 弓が均等にスムーズに動いている感覚を失わないように $f \to p$ を弾きます。

練習方法

レガートのパッセージにポルタートアクセントを付ける練習はドゥニスが教えた方法です。レガートのストローク中に、弦に深く入るアクセントを付けながら弓を動かします。一つの音の中でいくつ脈打たせるかは、取り上げるパッセージの音の長さによります。弓の毛と弦の接点で可能な限り深いサウンドポイントを使い、弓のしなりと弓の毛と弦との抵抗を感じましょう。そうすれば、普通にパッセージを弾く時も、同じように深く、しかし力づくではない関係を見つけられるでしょう。

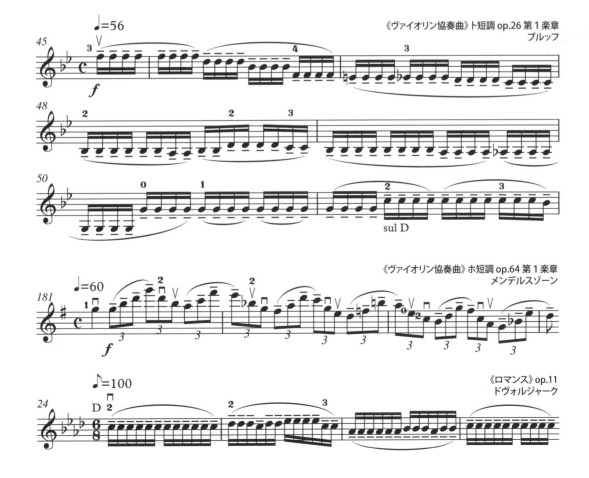

79 色々なサウンドポイントにおける弓圧練習

一弓で8回または16回の *f* → *p* を弾きます。音が完全に純粋で均等になるように、各サウンドポイントでの正しいスピードと圧力を探しましょう。弓が駒の近くにいる時はとても小さな弓で、*p* → *pp* の時は指板の近くを弾きます。

5、4、3、2、1＝サウンドポイント

次の譜例の斜線は視覚的に分かりやすくしたもので、実際の音は切らずに弾きます。

1. 一弓で一度駒に近づけ、遠ざけます。各サウンドポイントで1回 *f* → *p* を弾きます。

2. 一弓で一度駒に近づけ、遠ざけます。各サウンドポイントで2回ずつ *f* → *p* を弾きます。

3. 一弓で二度駒に近づけ、遠ざけます。各サウンドポイントで1回 *f* → *p* を弾きます。

4. 一弓で二度駒に近づけ、遠ざけます。各サウンドポイントで2回ずつ *f* → *p* を弾きます。

色々なポジション、各弦で弾きます。重音でも練習しましょう。

ヴァリエーション

サウンドポイントの順序を逆にして練習します。サウンドポイント1で始め、5まで行き、また1へ戻りましょう。この練習は駒の近くでの絶妙なコントロールが必要です。

80 音階を使った弓圧練習

最大限に豊かな音をつくるためのスピード、圧力、サウンドポイントの最良のバランスは、各弦での長さ、太さ、そして張力によって決まります。2オクターヴの音階を使い、一つのポジションで移弦をしながら練習しましょう。

1. イ長（短）調（第1ポジション）
2. ホ長（短）調（第5ポジション）
3. イ長（短）調（第8ポジション）

弓圧と弦長との関係

音づくりのための三つの原則

1. 弓が駒に近い時は重みを増やします。
2. 高いポジションへいく（弦が短くなる）時は、より駒の近くを弾きます。
3. 弦が短くなる時は、弓から圧力を減らします。

3. は1. の反対のことを述べています。低いポジションで駒の近くを弾く時は「重く」、高いポジションで駒の近くを弾く時は「軽く」弾きます。

次の例のヴィエニャフスキの高い「ミの音」やクライスラーの高い「シの音」を音程よく美しい音で弾くためには、駒の近くを意外にも柔らかく弾かなければなりません。クライスラーの高い「シの音」の後の開放弦の「ミ」は、よりパワフルに弾きましょう。

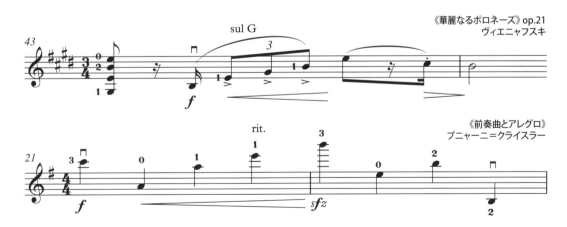

高い音域での重音の音程の難しさは、しばしば左手のせいにされますが、実は弓圧が原因です。A線の高いポジションでわずかでも圧力をかけすぎると、音程は低くなります。

B 音をつくる

81 【練習1】

この練習では各開放弦を重く弾きます。左指で押さえる音が高くなるにつれて、弓圧を徐々に軽くします。

1. サウンドポイント4だけで弾きます。
   すべての8分音符を mf で弾きます。
   4分音符を mf で始め、音が高くなるにつれて弓圧を軽くし、頂上で pp まで弱くします。
2. サウンドポイント3だけで弾きます。
   すべての8分音符を f で弾きます。
   4分音符を f で始め、音が高くなるにつれて弓圧を軽くし、頂上で pp まで弱くします。
3. サウンドポイント2だけで弾きます。
   すべての8分音符を ff で弾きます。弓をゆっくり重く動かします。
   4分音符を ff で始め、音が高くなるにつれて弓圧を軽くし、頂上で mp まで弱くします。
4. すべてのサウンドポイントにわたって弾きます。
   すべての音を f で弾きます。
   4分音符を弾く時は、駒の近くに移動します。すべての8分音符をサウンドポイント4で弾きます。始めのいくつかの4分音符をサウンドポイント2－3で弾きます。音が少しずつ高くなったら、より駒に近づけ、最後の3音または4音は駒にとても近いところで弾きます（8分音符はサウンドポイント4。4分音符はサウンドポイント1）。

同様に各弦で繰り返しましょう。

82 【練習2】

5、4、3、2、1＝おおよそのサウンドポイント

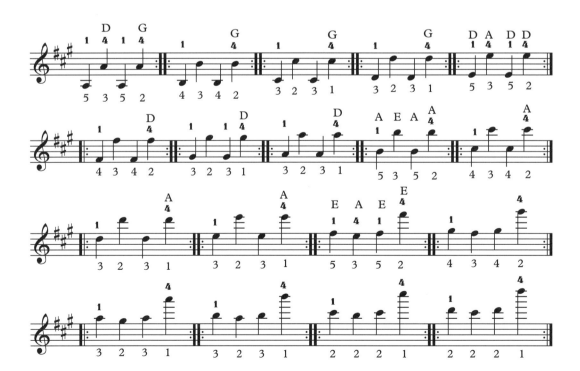

主要なボウイング

Key Strokes
Grundstricharten

Part 6

デタシェ

シンプルなデタシェ：シンプルなデタシェは、一つの音から次の音へ隙間なくスムーズに繋がっています。すべてのストロークの基本であり、スピードと圧力はストロークの最初から最後まで完全に均一です。

アクセントの付いたデタシェ：シンプルなデタシェを、スピードが速い→遅い、圧力が重い→軽いと変化させると、アクセントの付いたデタシェになります。このデタシェの始まりを'噛ませる'と、マルトレになります。

83 均一な速さと圧力

シンプルなデタシェは、スピードと圧力が均一でなければなりません。弓を不均等に弾くと、聴衆には気づかれないかもしれませんが、スピードと圧力はほんの少し変わります。この練習の目的は、意識的にスピードと圧力を変化させることによって、スピードと圧力が安定した均一なストロークの感覚をつかむことです。

● 感覚を明確にするために、次の譜例をストロークの色々な場所、異なる長さで弾きます。しかし基本的に、各小節のストロークはスムーズでシンプルなデタシェでなければなりません。

● スピードと圧力のパターンを、始めは先半弓、中弓、元半弓で1／4の長さを使って各小節を何回か繰り返します。次に全弓で弾きます。

● 各ストロークをほとんど均等に弾きながら、わずかに気づく程度、スピードと圧力を変化させます。

スピードの変化　　F＝ほんのわずかに弓のスピードを速くします　　S＝ほんのわずかに弓のスピードを遅くします

圧力の変化

とてもわずかなクレッシェンドとディミヌエンドを付けます。

このスピードと圧力の変化は、ほんのわずか（ストロークが均等ではないと思わせないほど）だということを忘れないでください。

特に、各ストロークの最後の1cmに注意しましょう。

例えば、各譜例の1小節目の'速い→遅い'が'速い→遅い→速い'に、'重い→軽い'が'重い→軽い→重い'となってはいけません。

各弦で繰り返しましょう。

なめらかな弓の返し

84 【練習 1】

弓の上手な止め方は、終わりの音だけの問題ではなく、ストロークのスムーズな返しにも関係します。ドロシー・ディレイはこの練習を車の車庫入れに例えて'弓を駐車させる'と呼びました。静かにスムーズに、急激な揺れ無しに、早く減速しすぎたり通りすぎたりしないで、弓を止めましょう。

次の譜例を一弓で 2 分音符のように弾きます。タイで結ばれた 16 分音符は、ストロークの最後の1cmに相当します。

1. 一つの音で、下げ弓と上げ弓の間に休符を入れて繰り返します。中位のスピードで弓を約1／4使い、*mf* 〜 *f* で弾きます。スピードや圧力を変えずに弓を均一に動かします。
   ●各ストロークの最後の1cmで減速し、そっと車庫に入ります。約1cm（またはそれ以下）の場所で遅くし止まります。停止は突然でも、長い時間がかかってもいけません。完全になめらかに、弓を弦の上に乗せたまま終わります。
   ●先半弓、中弓、元半弓で弾きましょう。
2. 同じようにストロークを弾きますが、休符を徐々に短くします。各ストロークの終わりの1cmで'弓を駐車させ'、最終的にストロークを繋げて弾くと、均一でスムーズなデタシェができ上がります。
   各弦で繰り返しましょう。

85 【練習 2】[1]

まったく聴こえない弓の返しというものはありません。弓を返して4分音符四つのレの音を弾いたら、一つの全音符に聴こえることはありません。でも、ストロークがしっかりと均一で音の変わり目のタイミングが弓と合っていれば、一つの切れ目のない響きのように錯覚させることができます[2]。

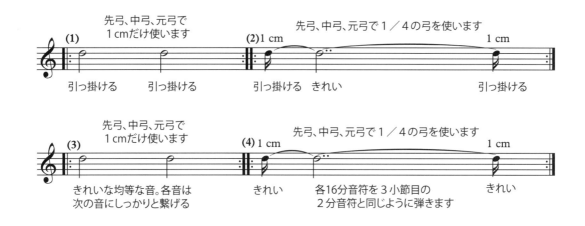

それぞれを先弓、中弓、元弓で弾きます。重音も使って各弦で弾きましょう。

1. 弓を1cmだけ使って可能な限りゆっくりと上げ弓、下げ弓で弾きます。竿に少しかけすぎなほどの圧力をかけ、力を解放しないで引っ掛けた音を均一に保持します。
2. *f* の通常の音を1／4の弓で弾きます。各ストロークの終わりの1cmと次のストロークの最初の1cmで引っ掛けの音をつくり、なめらかに繋げます。通常の音から引っ掛ける音への最後の1cmは、次の音へ切れ目なくスムーズに弾かなければなりません。*f* の弓の圧力を変えずに弓のスピードを遅

---

[1] この練習の中に加えるのをためらったものがあります。奇妙に思えるか、紙面で上手に表すのが難しいからですが、とても効果があるものに違いありません。

[2] あるパーティーでジョゼフ・シルバースタインがドロシー・ディレイのところに来て言いました。「ねえ、ドッティ、僕ね、弓の返しが聴こえないようにすることにこの40年間を費やしてきたけど、そんなことはあり得ないってことがようやくわかったよ！」

くし、圧力を均等にしっかりかけて引っ掛けます。

3. 弓を1cmだけ使います。ゆっくりと大きな音で弾きますが、過剰に圧力を加えないようにします。弓の圧力をゆるめずに各弓の終わりを次の音の始まりにしっかりと繋げます。つまり、ストロークとストロークの間にはディミヌエンドや隙間はありません。

4. よく鳴った平らな音で、弓を1／4使って弾きます。各ストロークの終わりと始めを引っ掛けずに、3.よりも1cmほど長く弓を使います。ストロークとストロークの間にはディミヌエンドや隙間はありません。

86 デタシェからマルトレへ

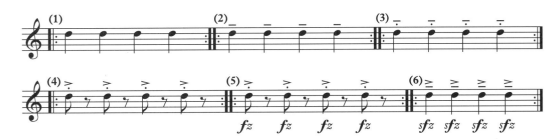

♩＝80〜92で一つの音を各弦で弾きます。次の1.〜7.を止まらずに弾きます。

1. シンプルなデタシェで始めます。各ストロークを隙間なく次へ繋げ、スムーズで均等に弾きましょう。
2. 各ストロークの始めで徐々にスピードと圧力を増やすと、少しずつシンプルなデタシェからアクセントの付いたデタシェになります。
3. アクセントの付いたデタシェが強くなってきたら、各ストロークの終わりで弓を止め始めましょう。徐々にストロークを短く、音と音との間の無音の時間を長くします。
4. 各ストローク間の無音の時、弓で静かに弦をしっかりつかみます。少しずつそのつかむ力を強くし、ストロークの始めの噛む力を増やすと、短いマルトレに変わっていきます（63ページ参照）。
5. ストロークが短いマルトレに変わったら、マルトレがさらに保持されるように弓の長さを変えていきます。
6. 保持されたマルトレができ上がります。ストロークの最初の1／4に大きく圧力とスピードを加え、しっかり噛ませて各ストロークを弾き始めます。音の最後までfを保ち、ゆっくりの弓で音を保持します。各ストローク間のほんの小さな「間」は、次の音の弦をキャッチし、きちんと噛むために必要な時間です。
7. 短いマルトレからアクセントの付いたデタシェ、最後にシンプルなデタシェへと戻るように、少しずつストロークを変えていきます。

最初は先弓、中弓、そして元弓と1／4の長さで弾きます。先半弓、中弓、元半弓で半分の長さのストロークでも繰り返します。

87 ポルタート

● クロイツェル《42のエチュード・カプリス第8番》（または似たような練習曲）2・4小節目は、1・3小節目のデタシェと同じに聴こえるように、ポルタートで弾きます。

● 中位の速さで先半弓、中弓、元半弓で弾きます。

《42のエチュード・カプリス第8番》
クロイツェル

以下同様

C 主要なボウイング

コレ

ガラミアンはこのストロークを弓の'ピッツィカート'と呼びました。通常、このストロークは元半弓で弾きますが、日頃から弓のすべての場所で練習すると、全体的な音づくりをとても上達させることができます。

一つの「コレ」のストローク

1. 弦の上にポイント・オブ・バランスで弓を置きます。指を丸くし、付け根を低く下げます（**写真29(a)**）。弦を'キャッチ'します[1]。
2. 指をまっすぐ伸ばすことにより、下げ弓を弾きます。同時に、音をよく響かせるため、腕とともに弓を弦から持ち上げます（**写真29(b)**）。ストロークの最初の'発音'は引っ掻いてはいけません。ストロークが始まったらすぐ圧力を抜きます。
3. 指をまっすぐにし、付け根を高くして弓を弦に戻します（**写真29(c)**）。そして弦を'キャッチ'します。
4. 指を丸くすることによって上げ弓を弾きます。ストロークが始まるやいなや、圧力を解放し、腕で弓を持ち上げます（**写真29(d)**）。

写真29

(a) 指を曲げ、付け根を下げ、下げ弓の準備

(b) 下げ弓を始めた直後の、よりまっすぐな指

(c) 上げ弓の直前の、よりまっすぐな指

(d) 上げ弓の直後の丸くした指

88 準備練習

弓を各ストロークで上げ、一つの音を継続したコレで弾きます。

- 元で始めます。各ストロークを前の音より1cmずつ先弓へ向かって弾き、徐々に弓先まで行きます。そして元へ戻ります。
- 最初はすべてを上げ弓から弾き、次にすべてを下げ弓で、そして上げ弓と下げ弓を交互に（弓順で）弾きます。
- 各弦の色々なポジションで弾きます。

♩=50

元… 少し先… 重さの中心… 少し先… 中弓… 少し先… 少し先… 先弓…

先… 少し元… 少し元… 中弓… 少し元… 少し元… 元…

---

[1] 36ページの写真26を参照。弦を'キャッチ'することは'技術的なタイミング'と'音楽的なタイミング'が食い違うことのもう一つの例です（27ページの脚注を参照）。

マルトレ

《ヴァイオリン協奏曲第2番》ニ短調 op.22 第1楽章
ヴィエニャフスキ

マルトレは**重い - 軽い**の圧力で、**速い - ゆっくり**のスピードで、始めは'噛んで'弾きます。

短いマルトレ：短く速いストロークで、終わりは音を立てないようにします。
保持されたマルトレ：出だしのアタックの後、弓のスピードが遅くなり、圧力はより長く保持され、ストローク間で「間」はほとんど無いように（その「間」は次の音を準備し弦をキャッチするために必要な時間です）。

89 弦を捕らえる

弓のすべての部分で弾きます。

1. 各音を弾く前に弦の上で弓を止め、弓の毛で弦をしっかりつかむために弓を重く押し付けます。弦を左右に押したり引いたりします（×印）。音を立てずに完全に無音の状態で、弦が跳ね返らないようにします[1]。

2. 弦を左右に2～3回動かした後、圧力をゆるめずに弓を弦の上で止めます。そしてマルトレを弾きます。

弦の長さが短くなるにつれて、弦の張力は増し、弦の'キャッチ'の感触が変化します。分散3度の2オクターヴの音階を（一つのポジションで移弦をして）次の調性で練習しましょう。

1. イ長(短)調（第1ポジション）
2. ホ長(短)調（第5ポジション）
3. イ長(短)調（第8ポジション）

90 指の動き

マルトレは、下げ弓では指をわずかにまっすぐにし、上げ弓では曲げます。練習を効果的にするために、この動きを大げさに行いましょう。**写真30(a)**は下げ弓になる直前の手の形で、**写真30(b)**は上げ弓になる直前の手の形を示しています。

写真30

(a) 下げ弓のマルトレを弾く手の準備（指がわずかに曲がっている）

(b) 上げ弓のマルトレを弾く手の準備（指が伸びている）

---

[1] 36ページの「弦の張力」を参照。

C 主要なボウイング

- 1小節目を腕の動きは使わず、指の動きだけで弾きます。下げ弓で指を伸ばし、上げ弓で曲げます（指の付け根をより平らにします）。
- 同じように指を使ってストロークを弾きながら、同時に速い・ゆっくりの腕の動きも使います。

各弦で繰り返します

91 弓の持ち方

先半弓で各ストロークの間に休みを入れながら、一つの音で継続したマルトレを弾きます。

1. 人差し指を親指から離して置く

人差し指が親指に近すぎると、てこの原理が十分に使えません。反対に、離れすぎると人差し指の付け根と親指の付け根が緊張してしまいます。

- 人差し指を中指のすぐ近くに置いて始めます。だいたい4回ずつストロークを弾いた後、人差し指を少し弓の先へ、中指から離れたところに動かします。人差し指が最大の効果を生み、緊張の一番少ない場所を見つけましょう。中指がほんのわずかに親指よりも弓の先にくると、バランスの良い弓の持ち方であると感じるでしょう。

2. 人差し指の方へ手を回転させる

手の重みが十分に弓に乗っていないと、マルトレを弾く時にパワーが足りません。反対に、重みが乗りすぎていると音は押し潰されてしまいます。

- 弓に対して指をかなり垂直にして始めます。だいたい4回ずつストロークを弾いた後、やや弓に指を傾けて乗せていきます（回す）。音が美しく最大の効果を生み出せる手の角度を見つけましょう。

3. 付け根を下げる

指の付け根が高すぎると、マルトレを弾く時にパワーが足りません。反対に低すぎる（手の甲から指までが平らになる）と、手は緊張して硬くなってしまいます。

- 付け根をとても高くして始めます。だいたい4回ずつストロークを弾いた後、付け根を少し低くします。一番楽に最大の効果を生み出せる、付け根の位置を見つけましょう。

各弦で練習しましょう。なぜなら、弦の張力や太さの違いによって各弦の感覚が異なるからです。

スタッカート

《序奏とロンド・カプリチオーソ》op.28
サン＝サーンス

ヴァイオリン奏者はそれぞれ、自身のスタッカートの方法を持っています。うまくできればどの方法でもよいのですが、次の要素を組み合わせると最上のスタッカートになるでしょう。

推進力は、下腕とリラックスした上腕から生まれます。指（そして手）はあなたが自分で動かすのです。つまり、指の小さな動きが各音をつくります。手と指がスタッカートをつくり、腕は単にクレーンのアームのように手を運ぶ役割をします。

指はやや曲がったり伸びたりし、内回り（親指側）、外回り（小指側）に動きます（27 を参照）。音を発音する時、指は曲がって外回りに動きます。次の音の準備をする時、指は伸びて内回りに動きます。

弓の上で指を硬くしたまま、下腕または腕全体を使って各音を発音する方法もあります。腕はゆるめても硬くしても良いでしょう。指と腕を硬くして弾くスタッカートはとても速く華やかですが、圧力のかかった荒い音になりがちです。

上げ弓：（1）弓の毛の外側の縁で弾き（2）肘を高くし（3）弓の先をやや指板に傾け（4）手をやや小指の方へ傾けます。

下げ弓：（1）弓の毛の内側を使い（2）肘を下げ（3）弓の先をやや駒の方へ傾け（4）手をやや人差し指の方へ傾けます。

中指と小指を弓から離し、人差し指と薬指（と親指）で弓を持つと、うまくいく場合があります。スタッカートで弾く間、薬指で強く毛箱を引き寄せるようにします。

スタッカートで弾くためには、十分な圧力をかけることや、各音の後で弓が自然に（弦から離れずに）跳ねること、弓の毛も弦も弾力のある位置で弾くことが必要です。弦に深く沈めるように弾き、弓が自然に跳ねるようにします（弓の竿を毛のほうへ近づけます）。

92 曲線運動

スタッカートの際の素早い反時計回りの右手上腕の回転運動は重要な動きです。弓のストロークは弦の周りにおける曲線運動で、弦に沿った直線的な動きではありません。各音への圧力がかかる角度は、弦に対して垂直ではなく曲線的です。スタッカートを弾いている間、弓の先を見てみましょう。弓先は小さく上下に'潜ったり'浮かんだりします。

次の例を一弓に20回、30回、それ以上と練習しましょう。

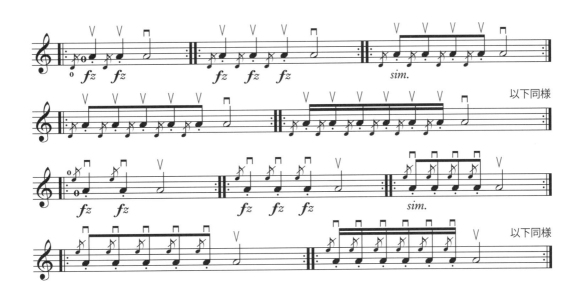

- 先半弓で弾きます。上げ弓のスタッカートは先で、下げ弓のスタッカートは中弓で始めます。
- 装飾音をできるだけ軽く短く入れます。fz は噛ませて発音します（fz の後は弦の上に弓を置いておきます）。
- 一弓で2〜3回のストロークを弾く時は2本の弦の間で大きな動きをつくり、ストロークを増やすにしたがい、ほとんど重音になるまで2本の弦に近づけていきます。ストロークを何回弾くにしても、できる限り小さな弓で弾きます。

G線とD線、A線とE線で行います。

その他の方法

曲線運動を小さく保ち、重音の装飾音を弾きます。

93 マルトレを基とするスタッカート

硬いスタッカートは、一弓で弾く素早いマルトレに似ています[1]。

- 一弓で2〜3回のストロークを弾く時は、弦をしっかりとキャッチすることによってスタッカートの始めの音をしっかりと噛ませ、残りのストロークはすぐ弱く弾きます。ストロークを増やすにしたがい、徐々に噛ませる力を弱くします。
- 92 のように、曲線運動で弾きましょう。
- 各アタックの後で、弓の竿がはずもうとするのを感じてください。一弓で多くのストロークを弾いて噛ませる力が弱くなっても、同じように感じましょう。

各弦で弾きましょう。

94 移弦

移弦はきれいなスタッカートを台無しにすることがあります。53 と同じようにすべての組み合わせで練習しましょう。

- メトロノームを使って ♩=60 から始め、徐々に ♩=120 まで上げます。
- すべてを先半弓で、下げ弓から、上げ弓から弾きましょう。
- 4音のグループの始めの音に強いアクセントを付け、リズミカルな拍感をもって弾きます。その後、アクセントは感じるだけで(付けずに)弾きましょう。

---

[1] 63ページの「マルトレ」を見てください。マルトレはスピードに限界があるテクニックの一例です。あるスピードを超えると、各ストロークの前に弦をキャッチすることが不可能になります。明白で自然な解決策として、一弓の中でストロークをうまく結合させること、それがスタッカートと呼ばれるものです。スピードの限界を持つテクニックとしては他に'スピッカート'があり、ある一定のスピードを超えると'ソティエ'になります。また、左手の指の独立した上げ下げも、スピードの限界を超えると'音のグループ'となります(139ページ参照)。

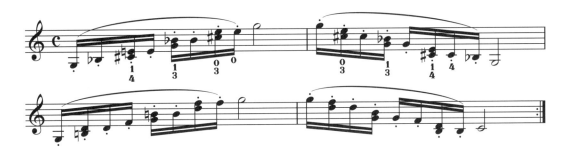

練習方法

次のように、すべての移弦の箇所を重音にして練習しましょう。

《ヴァイオリン協奏曲第2番》ニ短調 op.22 第1楽章
ヴィエニャフスキ

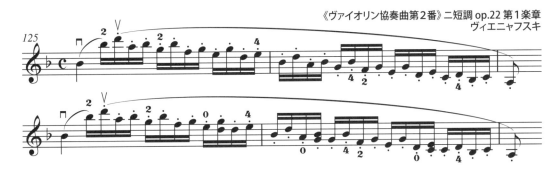

注意：スタッカートを弾く前にはいつも、左手の指が均等であることを確かめるために通常のスラーを付けてレガートで練習し、それからスタッカートで弾きます。この譜例でも同様に練習しましょう。

95 トレモロ練習

- f で先弓1cmだけを使って速いトレモロを弾きます。腕を使う、手と指を使う、またはその三つの組み合わせでストロークを行います。
- 徐々に上げ弓で弦を'キャッチ'します（★）。これによって弓先から少しずつ遠ざかり、スタッカートをしながら中弓へ移動します。そのまま中弓まで弾きます。
- 中弓でトレモロを弾き、下げ弓でスタッカートを始め、先弓まで戻ります。

トレモロの代わりにとても速い付点のリズムを使って同様に練習しましょう。弦をしっかりと捕らえましょう。

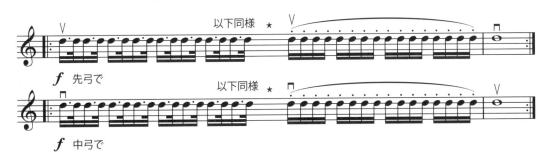

各弦で弾きましょう。

96 音　階

　2オクターヴの音階を上がったり下がったりします。上げ弓のスタッカートでは弓の角度を'イン'にし、毛の外側の縁で弾きます。下げ弓のスタッカートでは角度を'アウト'にし、毛の内側の縁で弾きます(23ページの**写真25**を参照)。

- 先半弓のなるべく小さな弓で練習しましょう。
- できる限りゆっくりからリズム・パターンを始め、とても速くなるまで徐々にスピードを上げていきます。
- ゆっくりなスピードでは、ストロークのすべての要素を大げさに行います。つまり、ストロークの始めではしっかりと弓が弦を噛み、噛んで解離する時に大きな'引っ掛け'が生まれ、音をつくる時は弦の動きが目に見えるように弾きます。スピードが速くなるにしたがい、これらの動きは次第に小さくならなければなりません。

例

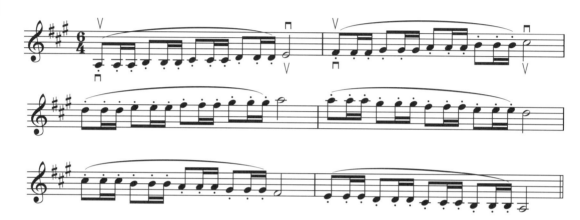

リズム・パターン

その他の方法

　同じリズムで、2分音符で止まらずに、下げ弓から、上げ弓からのスタッカートを継続して練習しましょう。

97 クロイツェル《42のエチュード・カプリス第4番》

伝統的なスタッカートの練習方法です。
- 始めは一つの音につき1音のスタッカートで全曲を弾き、次に2音、3音、4音と増やして弾きます。
- スタッカートの始めにアクセントを付け、動き出しに'キック'を与えます。ほとんどの場合、音楽的には望ましくありませんが、練習としては役に立つ方法です。
- 始めはわずかな休みを入れ（コンマの箇所）、弓の毛で弦を捕らえます。コンマの後で、頭に鋭いアクセントを付けた速いスタッカートで弾きます。コンマがあることによってリズムが少しゆがんでもかまいません。後に、コンマ無しで弾きましょう。

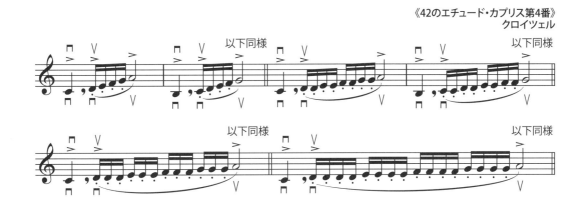

《42のエチュード・カプリス第4番》
クロイツェル

コレスピッカート　　62ページの「コレ」も参照。

　スピッカートのエネルギーは、ストローク自体のスピードを変えることによって増えたり減ったりします（音符の速さと混同しないように）。スピッカートのストロークが描く曲線の中で、弓の毛は曲線の一番低い船底部分で弦を捕らえますが、弦に触れる前も後も弓のスピードが同じで均一なストロークでは、最小限のエネルギーになります。弦の近くから弾き始め、弓をとても速く動かし、弦を硬く捕らえ、ストロークをピッツィカートのように落とすと、最大限のエネルギーが生まれます。これは非常に「コレ」のストロークと似ていますが、「コレ」は弦に投げ落とすのではなく弦の上から始めます。

練習方法
各ストロークを弓の重さの中心近くのまま、弓が元の方、先の方へ進まないように同じ場所で弾きましょう。

スピッカート

スピッカートのストロークは、次のような練習で習得できます。ヴァイオリンの弦の上空の高いところから始め、弓で大きな半円（の下半分）を描き、円の一番底の部分で弦を捕らえます。少しずつ半円を小さくして弦に沿う時間を長くし、半円をとても小さくすると、きれいなスピッカートになります。

98 自然な弓のはずみ

弓は常に自らはずみたがっています。弓を弦の上で弾くことは易しく、弓を弦から離すのは難しいと考えがちですが、むしろその逆です。音を保持するためには意識的な動きが必要です。すなわち、跳ねようとしている弓の竿、毛、弦に逆らう動きです。弓を弦から離す時は、自然にはずもうとする弓にまかせることです。

1. 短い上げ弓、下げ弓を弾くように腕を動かし、一つの弦で継続したはずむストロークを弾きます。弓を親指と中指だけで持ち、はずませようとしないで、弓自らが跳ねるがままにさせます。
2. 自然なはずみが止まらないようにしながら薬指と小指も弓に乗せます。
3. 最後に人差し指も戻します。人差し指の腹が弓の側面にあり、弓をまっすぐにしておくことを意識しましょう。同時に、人差し指で弓が自由に自然にはずむのを妨げないようにします[1]。

すべての弦で、弓の真ん中から「重さの中心」までの色々な部分で練習しましょう。

縦と横の動きのバランス

弓の縦と横の動きのバランスで、色々な種類のスピッカートをつくります。高くはずみ、弦に沿った動きが少ないと、短くパリッとしたスピッカートになります。はずみが低く弦に沿った動きが多ければ、丸みを帯びた長いスピッカートになります。

99 【練習1：高さと長さ】

一つの音で継続したストロークを弾きます。
1. 「重さの中心」と中弓との間で弾き、弦の上で弓を縦に上下に打ちます（ドアのノブを回す腕の動きと同じ）。実際には音は出ません。
2. 横の動きを長くしていきます。気づかないくらい少しずつ変化させると、長さが増すにつれてきれいなスピッカートになります。
3. さらに長さを増やし、スピッカートがまろやかになるようにします（'長いスピッカート'）。しばらくすると、竿は跳ねても毛は弦の上にいる状態になります。最終的には、毛は弦の上にあり竿も跳ねていない'短いデタシェ'にします。
4. 徐々にストロークを短くし、毛は弦の上、竿は跳ねている状態に戻します。さらに毛が弦から離れるまで短くし、弓が上下に打つ状態に戻るまで続けます。
5. 同じことを逆の順序で行います。弦の上で'デタシェ'から始め、縦に打つようになるまでストロークを短くし、再び弦の上で弾くまで長くしていきます。

各弦の異なるポジションで、様々な張力の弦で練習しましょう。

---

[1] 73ページの「手と弓の動き」を参照。

🎯100 【練習2：弓の場所】

一つの音で継続したスピッカートを弾きます。

1. 中弓より2cmほど元よりで始め、軽く速いストロークで弾きます。弓を弦の近くに保ちます。
2. ストロークを止めることなく、徐々に元の方へ移動します。少しずつストロークをゆっくり長くし、幅広く曲線を描くようにします。
3. 毛箱から約10cmのところまで来たら、長くゆっくり重いストロークで弾き、また中弓へ戻ります。

様々な弦の張力を試すために、各弦の異なるポジションでも弾きましょう。

🎯101 【練習3：サウンドポイント】

弦の張りは指板の近くでは柔らかく、駒の近くでは強くなります。それぞれ弦の張力も異なるため、各サウンドポイントでの、弓の長さに対する高さの一番良いバランスも異なります。

指板の近くのスピッカートは短く、軽く、速い。
駒の近くのスピッカートは長く、重く、ゆっくり。

1. サウンドポイント4で、一つの音でスピッカートを弾きます。始めに、中弓で弾き（短く、低く、速く）、次に重さの中心で（中位に）、最後に元の近くで（長く、高く、ゆっくり）弾きます。速さ、長さ、高さ、圧力を調節し、ストロークが弓のどの場所でも、まろやかではっきりとした音になるように弾きましょう。
2. サウンドポイント3と2でも練習しましょう。

各弦の色々なポジションで弾き、張力や弦の太さによって響きに大きな違いが生まれることを感じましょう。

その他の練習方法

中弓に留まったまま、サウンドポイント5で8分音符または16分音符のスピッカートを弾き、サウンドポイント4、3、2、3、4、5の順に弾きます。同じように重さの中心で、そして元でも練習しましょう。

102 【練習4：弓の傾き】

弓の長さに対する高さの一番良いバランスは、弓の毛をどのくらい使うかによって変わります。弓の毛を全部ベッタリ使う方法から、非常に傾けて毛の縁を使う方法まで、色々な角度を試してみましょう。

- 真ん中より少し元寄りで、一つの音で継続したスピッカートを弾きます。始めは弓を外側に傾け、あたかも一本の毛で弾いているかのようにします。
- 真ん中より少し元寄りのままストロークを止めずに、毛が平らになるまで徐々に使う毛の量を増やしていき、また再び外側に向けて傾けます。
- 同じことを重さの中心で、次に元の近くでも行います。速さ、高さ、長さ、圧力を調節し、常に良く響く澄んだ音になるように気をつけましょう。

各弦で練習しましょう。

103 移 弦

33ページの音階の移弦と同様の練習です。他の移弦の練習については 114 115 117 119 120 を参考にしてください。

- 中弓の近くで速く（低いスピッカート）。中位の速さで、重さの中心で。ゆっくり元の近くで（高いスピッカート）。
- 最もスムーズな移弦のために、上腕をそれぞれの弦の高さで止めずに繋がった動きで移弦しましょう（必ずしもということではないが、この練習では）。

跳ばし弓

ゆっくりなスピッカートでは（'投げる'ストローク）[1]、一つひとつのストロークを自分でコントロールできます。速くなると、二つ1組でコントロールすることになり、1音目は'自発的'にはずませ、2音目は'受動的'に跳ね返ります。スピッカートには速さの限度があり、それ以上になると跳ばし弓＝「ソティエ」となります。跳ばし弓は通常、一つひとつの音をコントロールするには速すぎるので、奏者が弓をはずませるのではなく、弓が勝手にはずむようにします。

---

[1] 投げる弓は、奏者が自発的に行います（自分が弓を投げます）。跳ばし弓では、奏者は受動的であり、弓がすることをただ見ているだけ（跳ばし弓で使う弓の位置は弓の重さの中心で、そこは柔軟性のある場所なので、力づくで弓を弦に押さえつけるのでなく、弓が自発的にはずまなければなりません）。どのタイプのストロークを選ぶかは、テンポによります。ゆっくりなテンポでは'投げる弓'を使い、速いテンポでは'勝手にはずむ弓'を使います（カール・フレッシュ『The Art of Violin Playing(New York 1924)73』）。

手と弓の動き

跳ばし弓（時によってはスピッカート、ある種の速い移弦においても）は、弓を持っている親指と中指が向きを変えるように動き、毛箱がまるでシーソーのように小さい回転運動をします。親指と中指が弓の一番端を持っているため（本物のシーソーでは回転軸は真ん中にありますが）、この'シーソー'の回転運動は毛箱の近くではとても小さな動きで、弓先では大きな動きになります

人差し指を竿の上にとても軽く（髪の毛一本分くらい竿から浮いているように）置くと、小さな回転運動が可能になります。小指はやや曲げると良いでしょう。数々の弓の問題は、弓を硬く持って自然に起きる弓の動きを妨げてしまうために発生します。特に人差し指の付け根の関節はリラックスさせなければなりません。

動きをはっきりと見るために

1. 左手で鉛筆を持ち、右手は弓を持つ形にして鉛筆の上に置きます。親指と中指以外の指を離します。
2. 右手は動かさずに、左手で鉛筆を上下に動かします（**写真31(b)**）。
3. 通常の弓の持ち方にしてすべての指を鉛筆の上に置き、同じことを行います。

左手で鉛筆を動かす時、右手は動かさず、小指が動き過ぎないようにします。鉛筆の先を下へ押し下げると小指は少し丸くなり、上に上げると少し伸びます。鉛筆を押し下げた時、上に乗っている人差し指は鉛筆から少し離れます。

4. 弓を使って同じように動かしてみましょう。

写真31

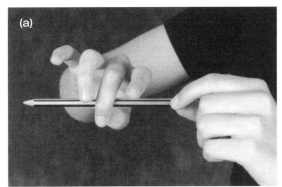 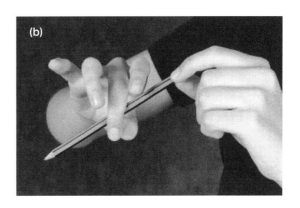

鉛筆と手の二つの角度

ソティエ

《ヴァイオリン協奏曲第2番》ニ短調 op.22 第3楽章
ヴィエニャフスキ

ソティエでは、毛が弦から離れずに竿がはずみます（中弓近くの特定の場所では毛もはずむことがあります）。ソティエに適した場所を見つけるために、32分音符の同じ音を ♩＝80～92 で続けて弾きます。

- 短く速いデタシェで始めます。弓の毛は弦の上にあり、竿が跳ねるまで徐々に弓の幅を狭くし圧力を減らしていきます。
- 毛を平らにし、おもに手を使って（手首から動かして）弾きます。上腕はあまり動かしません。
- 手を弓の方へ向け（手のひらを下向きに回転させ）、手首と指は力を抜いて楽にします。

主要なボウイング

104 【練習 1】

ソティエでは弓はわずかに曲線を描きながら弦に沿って動きます。ストロークの間、弓先が円を描くのを見てください。この練習では円を大げさに描きましょう。

(1) すべての音を均等に、弦の上を小さな弓で弾きます
(2) 徐々に下の音を短くし、弓が弦から離れていくようにします
(3) 同じ動きを1本の弦だけで行います

1. 中弓のあたり、または一番はずみやすい場所で、このパターンを何回も繰り返します。
2. 弓がD線に触れなくなるまで、徐々に円を小さくします。
3. 最後に、毛は弦の上にありながら竿は跳ねている状態になるよう、A線で小さな円をつくります。G線とD線、A線とE線でも練習しましょう。

105 【練習 2】

ソティエがうまくいくかどうかは、動きの組み合わせによります。鍵となるのは互いに関連し合う動きのサイズです。弓の毛をどのくらい使うか、駒にどのくらい寄せるか、弦の太さはどうか、といった動きのバランスが重要です。この練習では、まず個々の動きを別々に行い、それから一緒に合わせてストロークを完成させます。

継続したソティエを一つの音で弾きます。すべての弦で練習しましょう。

1. 手首と指は動かさずに、下腕だけの動きでソティエを弾きます。
2. 手だけを使って、手首からの速い動きで弾きます。腕は動かしません。
3. 指の動きだけを使って、弦の上で速い16分音符を弾きます（きちんとした16分音符にするのは難しい）。腕と手は動かしません。
4. 最後に、下腕、手、指を使って、三つの動きを同時に感じながらソティエを弾きましょう（この場合の指の動きは '同調する' 動きで、指自体の能動的な動きではないということに注意してください）。

106 【練習 3】

継続したソティエを一つの音で弾きます。すべての弦で練習しましょう。

- 親指と人差し指だけで弓を持って弾きます。手に制限されることなく、弓が自由に動けることを感じましょう。
- 通常の弓の持ち方でも、親指と人差し指だけで持った時のように自由なストロークであることを確認しましょう。

リコシェ

《ヴァイオリン協奏曲第1番》ニ長調 op.6 第3楽章
パガニーニ

リコシェを弾くには、ボールをはずませるように弓を弦から2～3cm上から落とすと同時に、下げ弓、上げ弓の方向へ動かします。最初の衝撃の後、弓は自然にはずみます。

- 先弓の近くで：速く、はずみは低く、軽く、小さな弓
  中弓の近くで：ゆっくり、はずみは高く、重く、大きな弓
- 弓を小さく使うと、はずみは低く速くなります。弓を大きく使うと、はずみは高くゆっくりになります。

人差し指を使わないで弾く練習は、弓の自然なはずみと、手と弓の動き[1]を感じられるので、通常の持ち方の時にも役立つでしょう。

---

[1] 73ページの「手と弓の動き」を参照。

跳ばし弓

107 【練習 1】

次のパターンを先半弓でそれぞれ1回ずつ弾き、各小節を数回繰り返します。高さ、長さ、圧力の異なる組み合わせで、しっかりした良く響く音をつくりましょう。

- 各パターンを極めて弓の先で弾きます。色々な弓の長さ、高さ、はずませる速度、重さ、傾きを試して、できるだけ美しい音を見つけましょう。
- 少し中弓の方へ移動しながら、美しい音になる長さ、高さなどのバランスを探し、中弓まで着いたら、また先弓へ戻ります。

例

パターン

各弦で弾きましょう。

108 【練習 2】

- 107 の練習と同じパターンを、音階で弾きます。
- ゆっくり、中位、速いテンポで弾きます。

例

109 【練習 3】

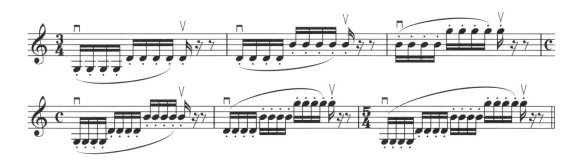

アルペッジョの跳ばし弓

《ヴァイオリン協奏曲》ホ短調 op.64 第1楽章
メンデルスゾーン

このストロークは色々な速度で弾くことができ、うまくコントロールできるとゆっくりでも弾けます。跳ばし弓での弓の長さは、跳ねる高さに比例します。ゆっくりの時は弓を多く使い、弓を多く使うと高くはずみます。

110 【練習 1】

はずみは、指と手の小さな'鞭打つ'動きから生まれます。上げ弓の終わり（下げ弓に変える直前）では、指はややまっすぐで手首はやや高くなります。同時に、下げ弓の始めでは、手首が下がり指は丸くなります。この動きは弓の毛が微妙な角度で弦を打ち、弓のはずむきっかけをつくります。<u>指、手、手首の動きはとても小さく、ほとんど目に見えないほどです。</u>

- 中弓で長いソの音を弾いた後、下げ弓を始める時にこの動きを行います。アタックを与えた後はただ弓をシンプルに動かし、1回・2回…と弓がはずむのにまかせます。
- 下げ弓から上げ弓に変える時は、弓が4回はずんだ後でシンプルに方向を変え、弓が反対方向へ跳ねるのにまかせましょう。

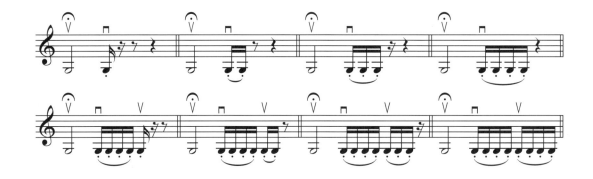

111 【練習 2】

- もし、中指、薬指、親指が弓を強く握って弓のはずみを妨げても、自然に弓がはずんでくるのを感じられるように、始めは人差し指を弓の上に置かないで練習します。人差し指を弓に乗せた時、この自然なはずみを失わないように気をつけましょう。
- 弓の毛を全部使い、竿は毛の真上にくるようにします。
- 色々な場所で試し、弓が一番よくはずむ場所を探しましょう（弓のちょうど真ん中か、その近く）。

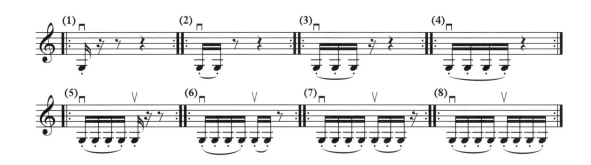

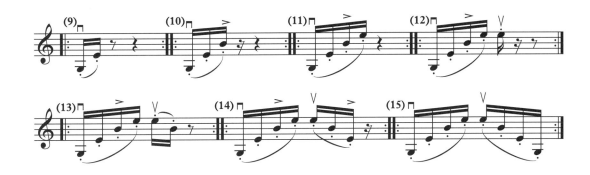

1小節目：　　　曲線を描きながら弓を弦の上に落とし、自然に跳ね返るのにまかせます。
2〜4小節目：　弦の上に弓を落とした後、スムーズに弓を動かし、次の音が勝手に鳴るようにします。
5〜7小節目：　スムーズに下げ弓から上げ弓に方向を変え、各音を機械のように規則正しく弾きます。
8小節目：　　　はずみが続くように下げ弓の始めで小さな'キック'を与え、続けて弾きます（**110**のように）。
9〜15小節目：異なる弦の高さに沿って、肘をなめらかに均等に動かします。各弦には、それぞれに適した弓の位置があることに注意してください（D線はG線よりも元寄りを使います）。

始めの三つの音が三連符のようにならないよう、楽譜どおりに小さなアクセントを付けて練習してください。
9〜15小節を逆の順序でも弾きましょう。

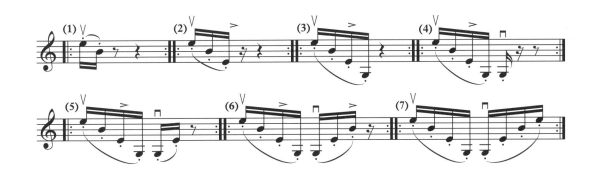

112 【練習3】

ベッタリとしたレガート　　　開放弦のG線に　　　　弦から離れ始める　　　すべての音がはずむ
　　　　　　　　　　　　　キックを与え始める

1小節目：　　　弓を弦によく吸いつけ、レガートで弾きます。
2〜3小節目：下げ弓の始めに小さなキックを与え、弓が弦から離れたくなるようにします。このパターンを繰り返し、
　　　　　　　　徐々に弓が弦から離れるようにしましょう。弓を弦により深く沈めると、はずむ力は大きくなります。
4小節目：　　　弓は弦から弦へと跳ねます。

下げ弓の時と同じように、上げ弓でも始めの音に小さなキックを与えるとうまく弾けることがあります。

おもなボウイングのパターン

ボウイングの種類は無限にあり、すべてを練習することは不可能です。ここで取り上げるボウイングは一番基礎的なパターンで、ここから他のボウイングが派生する基になるものです。これをマスターすれば、すべてのボウイングのコンビネーションが容易になりますが、中には難しいコンビネーションもあります。

テンポ

ボウイングは、非常に速いテンポで弾けるようになるまで、完全にマスターしたとはいえません。どの型の練習でも、自分が楽に弾けるテンポの限界よりさらに速くしなければなりません。テンポの限界は、弓の使う部分によって変わります。多くのパターンは元弓ではゆっくり弾きます。もし、通常は使わない部分の弓で弾いてぎごちなく感じるパターンがあったとしても、全体的なコントロール向上のための重要な練習です[1]。

弓の使う長さ

使う弓の長さはテンポによって決まります。ゆっくりのテンポでは弓を多く、速いテンポでは小さく使いますが、どのテンポでも常になるべく長く使います。

メトロノーム

メトロノームを使った練習は、とても有効です。心地よいと思えるテンポから始め、徐々に速くします。次のように弾けるまで練習します。（1）とても速く弾ける（2）どの速さでも音が完全にきれいである（3）リズムが均等である（4）たやすくできる。

【練習 1】

● 元弓、中弓、先弓で弾きます。弓を弦にしっかりと吸いつけておきます。
● 弓の重さの中心の部分で、半跳ばし（竿ははずんでいるが、毛は弦から離れない）でも弾きましょう。

ボウイングのパターン

---

[1] 元弓と先弓での違い。毛箱の近くで弾くと元弓は小さな動きをつくり、先弓は大きな動きになります。弓先の近くで弾くと元弓は大きな動きをつくり、先弓は小さな動きになります。また、先半弓では移弦する時に手と下腕が使われます（10ページの「手の動き」を参照）。元半弓では、手の動きは下腕の回転運動に置き換えられます（15ページ参照）。

114 【練習 2】

- 一連の和音を、各パターンで5回ずつ弾きましょう。
- 元弓、中弓、先弓の短いストロークで弾きます。次に、元弓、中弓、先弓で、半弓を使って弾きます。

- 弦に弓をよく吸いつけて、音が均等に保持されるように弾きます。
- 下げ弓から、上げ弓からも弾きましょう。
- (1)~(5) は、スピッカートでも弾きましょう（テンポが速い場合はソティエ）。

主要なボウイング

115 【練習 3】

- 一連の和音を、各パターンで4回ずつ弾きましょう。
- 元弓、中弓、先弓の短いストロークで弾きます。次に、元弓、中弓、先弓で、半弓を使って弾きます。
- 弦に弓をよく吸いつけて、音が均等に保持されるように弾きます。
- 下げ弓から、上げ弓からも弾きましょう。
- (1)〜(5) は、スピッカートでも弾きましょう（テンポが速い場合はソティエ）。

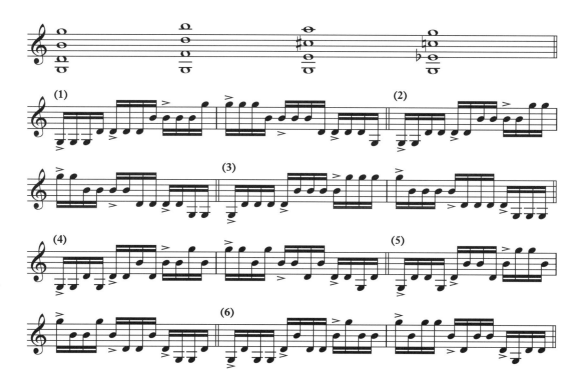

116 【練習 4】

- 元弓、中弓、先弓で弾きましょう。
- 下げ弓で始め、弓をスムーズに保持しながら弦によく吸いつけて弾きます。

例

ボウイングのパターン

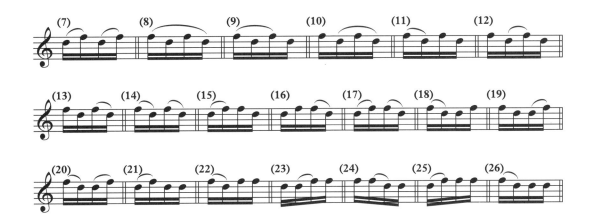

117 【練習 5】

- 元弓、中弓、先弓の短いストロークで弾きます。次に、元弓、中弓、先弓で、半弓を使って弾きます。
- 弦に弓をよく吸いつけて、音が均等に保持されるように弾きます。
- 下げ弓から、上げ弓からも弾きましょう。
- (5)～(10) はスピッカートでも弾きましょう。

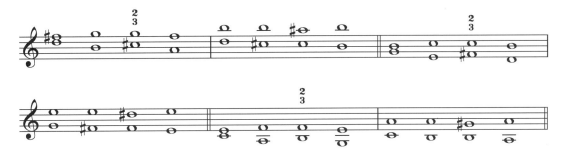

例

ボウイングのパターン

118 【練習 6】

- 一連の和音を、各パターンで4回ずつ弾きましょう。
- 元弓、中弓、先弓の短いストロークで弾きます。

次に、元弓、中弓、先弓で、半弓を使って弾きます。弦に弓をよく吸いつけて、音が均等に保持されるように弾きます。

- 下げ弓から、上げ弓からも弾きましょう。

119 【練習 7】

- 元弓、中弓、先弓の短いストロークで弾きます。次に、元弓、中弓、先弓で、半弓を使って弾きます。弦に弓をよく吸いつけて、音が均等に保持されるように弾きます。
- 下げ弓から、上げ弓からも弾きましょう。
- (4)(8)(12) はスピッカートでも弾きましょう（テンポが速い場合はソティエ）。

例

ボウイングのパターン

120 【練習8】

- 元弓、中弓、先弓で弾きましょう。
- 下げ弓で始め、弦に弓をよく吸いつけて、音が均等に保持されるように弾きます。
- (1)(7)(13)(19) はスピッカートでも弾きましょう（テンポが速い場合はソティエ）。

例

以下同様

ボウイングのパターン

121 【練習 9】

- 一連の和音を、各パターンで4回ずつ弾きましょう。
- 元弓、中弓、先弓の短いストロークで弾きます。

次に、元弓、中弓、先弓で、半弓を使って弾きます。弦に弓をよく吸いつけて、音が均等に保持されるように弾きます。

- 下げ弓から、上げ弓からも弾きましょう。

122 【練習 10：クロイツェル《42のエチュード・カプリス第2番》】

クロイツェルの《42のエチュード・カプリス第2番》（または同じような練習曲）は、どの年代のヴァイオリン奏者にも色々なボウイングの型を弾く重要なメソードとして使われてきました。多くのクロイツェルの楽譜には、たくさんのボウイング・ヴァリエーションが記載されています。ガラミアン[1]は60以上のボウイングの型や異なるリズム型を使い、マサール[2]は150ものボウイングの型を考えました。

これらの練習はあまり重視されないこともありますが、ここに記載したいくつかのパターンを弾くことによる効果は劇的に大きなものです。

《42のエチュード・カプリス第2番》
クロイツェル

---

[1] インターナショナル版

[2] L・マサール『'L'art de travailer les Etudes de Kreutzer' (Bibliotheque-leduc)』

- 次のパターンを3回ずつ、元1/4、中弓、先1/4で弾きましょう。
- 下げ弓から、上げ弓からも弾きましょう。

- 弓を弦によく吸いつけて弾きます。各ストロークをしっかり保持し、各音を継ぎ目がないように次の音へと繋げます。

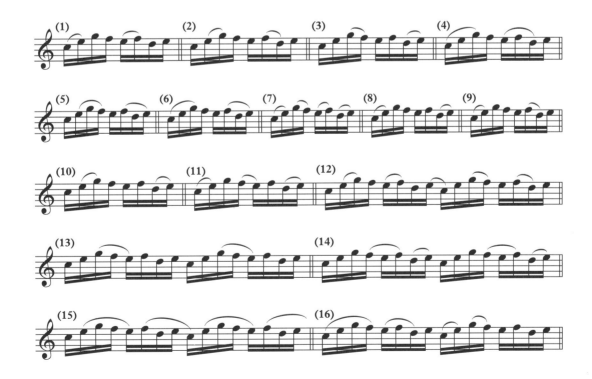

和音

重音での指を置くタイミング

和音を弾く際の一番重要なことの一つは、弓が動き出す前に弦の上に指を置くことです。連続した速い和音を弾く時の良いタイミングは、前の和音の終わりの時にはすでに次の和音の準備ができていることです。

始めの和音を弾く→すぐに次の和音の指を置く…（弾く→置く、弾く→置く）で、その逆、指を置く→弾く…（置く→弾く、置く→弾く）ではありません。

123 声 部

この一連の和音を、3本の弦で同時に、短く、しかしクリアな16分音符で弾きます。弓を離し、タイの音を切れ目なく保持します。タイの音は2分音符のように聴こえなければなりません。

例

一連の和音を次の6種類の方法で弾きましょう。

3本の弦を等しく保持しましょう

- すべて可能な限り駒の近くで弾きます（3本の弦を同時に捕らえる位置で）。
- 和音の弾き始めは、和音の真ん中の弦に弓を置きます。和音の両端の弦を弓の毛が捕らえるまで、弓を押し下げます。

元では毛がしなり、3本の弦を捕らえるのを感じましょう。先では竿がしなり、中弓では毛が硬くしなりがありません[1]。

---

[1] 35ページの「弓の張力」を参照。

スムーズな回転運動   27ページの「回転運動」も参照。

124 【練習 1】

一連の和音を次の5種類の方法で弾きましょう。

125 【練習 2】

一連の和音を次の8種類の方法で弾きましょう。

長さを徐々に増やす

弓の竿を毛の方へゆるめずに押し下げておきます。可能な限り駒の近く（しかし3本の弦を一度にキャッチできるのに必要な距離）で弾きます。

1. 元で弦の上に弓を置きます（イラストの**A**）。3本の弦のうち真ん中の弦を押さえ、外側の2本の弦を毛がキャッチするまで押さえます。これが可能なサウンドポイントを見つけましょう。

   3本の弦を、あたかも三重音の「コレ」のように弾きます[1]。ストロークをピッツィカートのように考え、ストローク後の和音の響きを聴きましょう[2]。

   ポイント・オブ・バランス（重さの中心）、中弓（**C**）、中弓と先弓の中間（**D**）、先弓（**E**）でも弾いてみましょう。

2. 再び元から始めます。3本の弦のうち真ん中の弦を押さえ（外側の2本の弦を毛がキャッチするまで）、和音を少し長めに、弓を3cmほど長く使って弾きます。1.のように、弓のあらゆる部分で繰り返します。

3. 弓の1/4の長さで（**A**–**B**、**B**–**C**など）、次に1/2の長さで（**A**–**C**、**B**–**D**など）繰り返します。最後に全弓で、和音の最初から最後まで均等に3本の弦が鳴っているのを確認しながら弾きます。

126

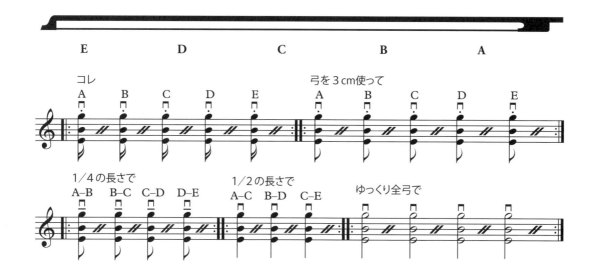

弓先から上げ弓でも繰り返しましょう。

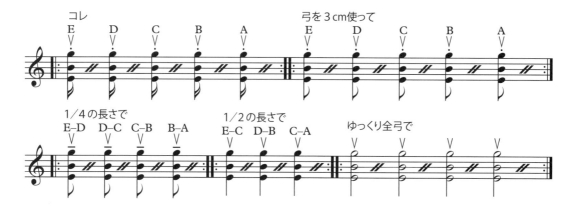

G線、D線、A線でも弾いてみましょう。

---

[1] 62ページの「コレ」を参照。

[2] 37ページの「共鳴」を参照。

Left Hand
Linke Hand
左手

Part D

親指の対圧を弱める

親指はネックに対して横向きと上向きの対圧を与えます。手をこわばらせないで弾くためには、いつも親指の対圧を必要最小限にしなければなりません。他の指の圧力を減らすと、親指の対圧も減ります。103ページの「指の圧力」も参照してください。

127 親指の位置

ハイフェッツの先生であるレオポルド・アウアーは、D線の2の指（ファの音）の真向かいに親指を置きました。ガラミアンは、1の指の向かい側か、1と2の指の間に置きました。フレッシュとセヴシックは、D線の1の指のミの音の向かい側、鈴木鎮一はD線の1の指のミと上駒の間に置きました。

親指がどの位置にあったとしても、

1. ヴァイオリンのネックを親指と他の指で握り締めないように、親指は軽く置きます。
2. 親指にも他の指と同じように、三つの関節があります。手首近くの付け根の関節（親指付け根のふくらみ）からが親指です。付け根の関節を使わずに、上二つの関節だけを使って弾こうとすると、手全体をこわばらせてしまいます。親指の付け根と1の指を握り締めないようにして、間に空間をつくましょう（**写真32**）。
3. 親指は一箇所に固定するのではなく、手や指の動きにつれて常に動きます。しかし、動きの大きさに関わらず、意識的に行われることはめったにありません。

第1ポジションで自然な親指の位置を見つけるために、まず、手を完全にリラックスさせ、腕を脇にダランと下ろします。始めはヴァイオリン無しで、次にヴァイオリンを持って、手を演奏するポジションまで持ち上げます。手と腕が完全にリラックスできていれば、親指がどの位置にこようとも、その人それぞれの正しい位置になります。この位置は親指がヴァイオリンのネックをあちこち動き回っても、常に出発し、戻ってくる場所になります。

写真32

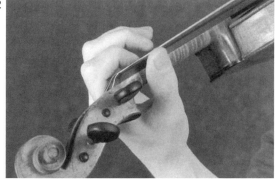

(a) 親指の付け根と1の指との間に空間があることを確認しましょう

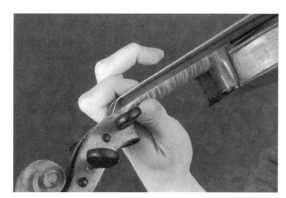

(b) 握り締めてしまっている親指

D 左手

128 準備運動

親指と他の指でネックを強く握り締めないために、親指はネックに触れないで練習を行います（2本の指を使ったすべての組み合わせを含みます）。親指が他の指から独立していることを感じた後、親指を通常の位置に戻し、同じ感覚をつかめるようにしましょう。

- 親指を3の指の向かい側あたりで、ネックから1cmほど離して弾きます（**写真33**）。1の指の側面は軽くネックに触った状態にしておきます。
- メトロノームを使って、始めは8分音符で、次に16分音符、32分音符で弾きます。
- 腕を指からぶら下げるように、腕の重みを使って弦を押さえます。ヴァイオリンをしっかりと支えるために、頭のすべての重みを顎当てに乗せてリラックスさせましょう。スクロールを壁にもたせかけても良いでしょう。

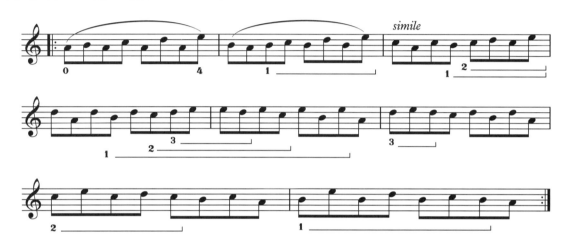

例

全音、半音の異なる音の間隔でも練習しましょう。

各弦でも行いましょう。

練習方法

128のように、親指をネックに触れないで、1フレーズ、一つのパッセージ、一つの楽章を弾きましょう。長時間、顎当てを押さえつけることを避けるために、スクロールを壁にもたせかけておきましょう。

写真33

握り締めないように、親指をネックから離します

129 親指の独立性

- 始めの3小節のように、親指を前後に動かします。親指を3の指の向かいあたりから始め、1の指と上駒との間くらいの位置に戻します。
- 弓を返す時と同じタイミングで親指の方向を変えます。例えば、駒の方へ向かって動いた親指は、上げ弓から下げ弓に変わると同時に、スクロールの方へと向きを変えます。親指は常に動いていて、他の指が弦を押さえたり離したりする時も瞬間的に親指が止まってはいけません。

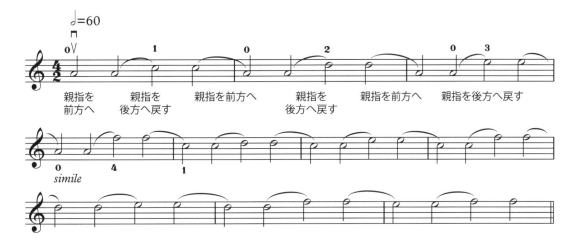

各弦で同じように繰り返しましょう。

130 弦上で指をころがす運動

弦上で指をころがす運動は、指先でのヴィブラートと同じ動きです（221ページの**写真54**を参照）。

指はしばしば、弦を押さえるのではなく、弦上をころがすように使われます。そうすることで、弦を不要に押さえつけることなく指で止められ、親指の対圧はほんの少しですみます（手のひらをテーブルの上に平らに置き、リラックスして腕の重みをかけながら手を少し左右にころがし、手の側面がテーブルをより重く押しているのを感じましょう）。

イ長調の音階を第1ポジションで、各音の間に休符を入れながら弾きましょう。

1. 音を出さないで、指を通常の丸みを持った形で正しい音程の場所に置きます（**写真34(a)**）。
2. 指を指先から指の腹の方へ動かし、音程を下げる方向へころがします（**写真34(b)**）。同時にフラジョレット（ハーモニクス）を弾くように指を弦の上に軽く乗せた状態で力を抜きます（×音）。親指を完全にリラックスさせます。
3. 指の腹を前方にころがします。指をころがすと、弦が自動的に指板に押し下げられ、親指の対圧はごくわずかですみます。

   指先を正しい音程になるまでころがして、その音をピッツィカートで弾きます。

   親指がリラックスしているのを感じましょう。指を押し下げると、親指が少し上へすべり動くような感じがしますが、ネックを握りしめる必要はまったくありません。
4. ピッツィカートではなく弓でも繰り返して弾きましょう。指をすべらせないで正しい音程だけを弾きます。一弓のストロークは指が正しい音程の場所にきたと同時に動き始めることを確認してください。

D 左手

写真34

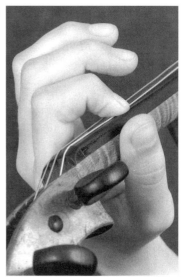
(a) 下へ向かってころがす前の通常の位置にある指

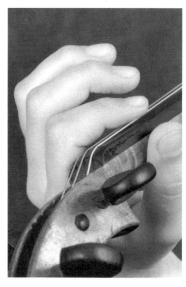
(b) 指が下へころがり、弦がしっかりと押さえられていない状態

131 上向きの対圧

弦を押さえる動きに対する親指のわずかな上向きの感覚は、親指の横方向への対圧を弱めます。

まず、親指と1の指の側面がネックに軽く羽のように触れているのを確認しましょう。

1. 親指の先を指板より低くネックに置きます。指はフラジョレットを弾くように弦の上に置きます（**写真35(a)**）。
   フラジョレットを弾く間に、親指が指板から上に出るまで上駒の上方（斜め上方向）へ動かします（**写真35(b)**）。するとその動きが、フラジョレットからしっかり押さえた音にするための指の動きを助けます。指が押さえる力は最小限でも、親指をすべらせることによって弦を十分に押さえられたという感覚をつかめます。

指先は弦に垂直に下ろすのでなく、斜めに押さえます。レに近い低めのミ♭、ミに近い低めのファを弾きます。

2. 親指を通常の位置に置き、指先でフラジョレットを弾く準備をします。同じように練習を行いますが、見て分かる程度に、親指を斜め上方向へ動かします。ここでは弦を押さえるための指の力が、より必要になります。

3. 親指を通常の位置に置きますが、ネックの上で動かさないようにします。親指は視覚的には動いていませんが、指がフラジョレットからしっかり押さえられる時に、同じ動きを感じるようにしましょう。

写真35

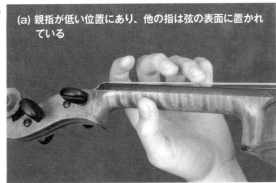
(a) 親指が低い位置にあり、他の指は弦の表面に置かれている

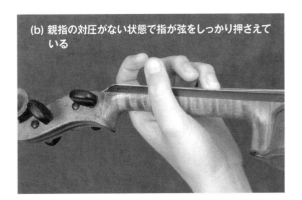
(b) 親指の対圧がない状態で指が弦をしっかり押さえている

指の付け根を広げる

指先の置き方と指の付け根について

指のどの部分が弦に触れるかによって、指板に対する指の付け根の関節の角度は変わります。すべての指が指先の（奏者から見て）左の部分で押さえた場合（**写真36(a)**）、指板に対する付け根の角度は傾斜がきつくなります（**写真36(b)**）。この角度では手首が曲がりすぎて肘が右側へ大きく入りこむので、上腕と手を緊張させる原因になります。

同様に、付け根を指板に平行にして極端に指先の右側に置くと、これも緊張させる原因になります（**写真36(c)**）。一番自然な付け根の角度は各奏者によって異なります（**写真36(d)**）。

指先の角度は、指がくっついているか離れているかによって変わります。例えば、1の指が指先の左側で押さえ、2の指が指先の右側で押さえる場合は、指の間に空間ができます（**写真36(e)**）。もし、両指とも左側で押さえると、指はくっつきすぎてしまいます（**写真36(f)**）。

写真36

(a) すべての指が指先の左側で押さえている

(b) 指板に対し、付け根の角度の傾斜がきつい

(c) 指板に対し、付け根が不自然に平行になっている

(d) 自然で無理のない角度

(e) 指先の押さえる位置によって、1の指と2の指の間に空間がある

(f) 指先の位置によって、1の指と2の指がくっつきすぎている

132 指先の位置

　練習ごとに異なる指先の位置で指の上げ下げを行いますが、他の指は常に同じ指先の位置で押さえておきます。指先のどの部分を使って弾いても、音程は同じでなければいけません。

　'左、真ん中、右' は、(奏者から見て) 指先のどの部分が弦に触れるかを表しています。

● 上行：下の音の指を指先の左側で押さえます（原則でなく、この練習のみ）。
● 下行：常に指先の右側で押さえます（原則でなく、この練習のみ）。

各弦で弾きましょう。

リラックスさせること

　各小節の後で手をヴァイオリンから離して、完全にリラックスさせましょう。もし、手や親指に突っ張るような感覚があれば、スクロールを壁にもたせかけて、弓無しでこの練習をしましょう。

　左指が正しい位置にくるように、右手で押さえます。低い方の指はスクロールの方へ傾くように手助けし(**写真37(a)**)、高い方の指は少し駒の方へ傾くようにします (**写真37(b)**)。親指の付け根と1の指との間に空間をつくりましょう(89ページの**写真32**を参照)。

写真37

(a) 3の指は正しい角度ではありませんが、1・2の指を下へ傾くよう優しく押さえています

(b) 1・2の指は正しい角度ではありませんが、3・4の指を上へ傾くよう優しく押さえています

反対方向への動き

- 手が小さく指が届かなければ、その小節は省略してください。
- 一つの重音から次の重音に移る時、両方の指を同時に反対方向へ動かします。
- 可能ならば、指の付け根の関節が一番広く開くような指先の位置を見つけましょう（**写真38**）。
- 指の付け根の関節から指を開きましょう。突っ張らないように気をつけて、無理せず手を完全にリラックスさせておきます。親指の付け根と1の指との間に空間をつくりましょう（89ページの**写真32**参照）。

写真38

(a) 付け根の関節から手が開いている。1と4の指先の場所を確認しましょう

(b) 指がくっつきすぎている指先の位置

133 【練習 1】

手と指をリラックスできるように、始めは pp で弾くと良いでしょう（次の練習も）。次に、その状態で少しずつ音を強くしていきます。

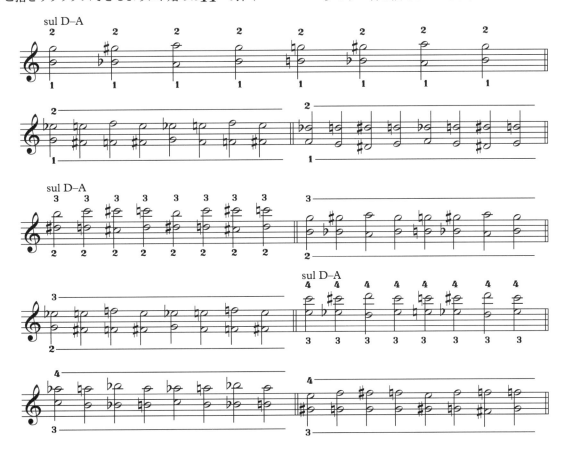

G線とD線、A線とE線でも練習しましょう。

D 左手

134 【練習 2】

手を開く練習だけでなく、フィンガード・オクターヴの練習にもなります。指の付け根の関節をできるだけ開き、指は弦に対してなるべく立てた状態にします。

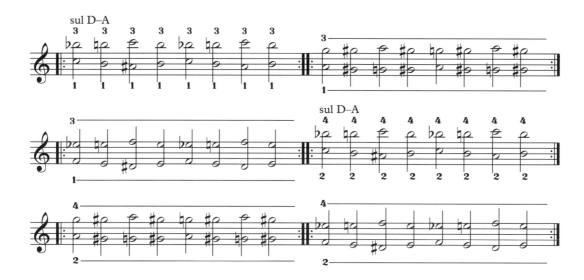

135 【練習 3】

- 各小節の全音符は、音を出さずに 2 の指で押さえておきます。
- 2 小節目の両方の指は、反対方向へ同時に動かします。1 の指を引っ張るために、1 と 2 の指の付け根に空間をつくりましょう。

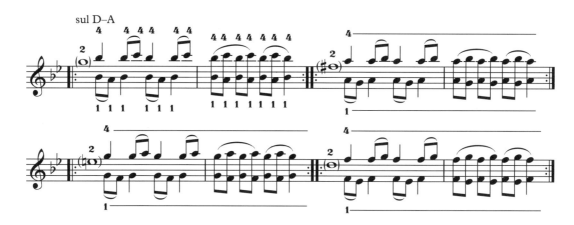

G 線と D 線、A 線と E 線でも練習しましょう。

136 指をすべらせる練習

- 全音符は音を出さずに押さえ、その他の指は上下にすべらせます。付け根の関節から指を開きます。
- 手は常にやわらかくリラックスしていなければなりません。指をすべらせる時も、押さえている指が力みすぎてはいけません。手が小さい場合はできる範囲で弾きましょう。
- 全音符が下の指の場合は指先の左側の部分で押さえ、すべらせる指は指先の右側が弦に触れます。
- 全音符が高い方の指の場合は指先の右側の部分で押さえ、すべらせる指は指先の左側が弦に触れます。
- 親指を十分手前に置き、付け根の関節からリラックスさせます。握り締めてはいけません。
- 指を上下にすべらせる時、肘は通常の場所に置き、右側へ引っ張らないようにします。

指の付け根を広げる

137 指を広げる　140ページの「伸ばし」も参照。

- 全音符は音を出さずに押さえたまま、8分音符だけを弾きます。手が小さく、指が届かない場合はこの練習を省いてください。
- 常に手をリラックスさせ、筋肉に無理をさせない

でください。可能ならば、指の付け根が一番開く指先の位置を見つけましょう。
- 手と下腕はまっすぐか、ほんの少し内側に向けた状態にしておきます（**写真39**）。

リズム・ヴァリエーション

G線とD線、A線とE線でも繰り返しましょう。

写真39

(a) 手首を押し出すと、指が広がらなくなってしまいます

(b) 手と下腕はまっすぐな状態

左手の構え

　低いポジションでは、手の大きさによって左手の置く場所が異なります。

　大きな手の人は、1と2の指を基本にして3と4の指を容易に正しい位置で押さえることができます。E線では1の指の第二関節（の付近）が上駒に触っているか、上駒のうしろまできます（**写真40(a)**）。

　小さな手の人は、2の指を基本にして1の指は少し下へ引っ張り、3と4の指は上方向へ引っ張るようにします。E線では大きな手の人よりも1の指と上駒との間に距離があり、指板の上方に手を置きます（**写真40(b)**）。1の指の第二関節と付け根の関節の間（の付近）がネックの側面に触れるようにします。

　G線に指を届かせるためには手を指板の上に高く持ってくる必要があります（**写真40(c)(d)**）。低い方の弦を弾くために指を無理に伸ばさないように、指の付け根を高い方の弦の近くに置いたままにしてはいけません（**写真40(a)(b)**）。指を丸くし、付け根を低い方の弦の近くへ持っていきます（**写真40(c)(d)**）。

　4の指を基本に指を開くこと：手が大きくても小さくても、手を開いて指を正しい音程の位置に届かせることが大切です。つまり、指の付け根を開くのであり（**写真40(e)**）、1の指を基本として他の指を伸ばすのではありません（**写真40(f)**）。高い方の指から低い方へ指を伸ばす練習は、大きな手の人にとってもたいへん有効です。

写真40

(a) 大きな手のE線での位置

(b) 小さな手のE線での位置

(c) 大きな手のG線での位置

(d) 小さな手のG線での位置

(e) 4の指を基本に指を伸ばす

(f) 1の指を基本に指を伸ばした形

4の指から下へ向かっての伸ばし

この練習は4の指から下へ向かっての伸ばしとともに、指を弦の上に保つための効果的な方法です。

138 【練習 1】

手が小さい場合、譜例の最後の2小節は弾けるところだけ練習しましょう。どの小節も、4の指に重心を置きます。効果的な練習のために次の点に注意しましょう。

1. 4の指を丸く保ち、指の腹でなく指先で押さえます。この練習では、3の指を使う時に4の指の形や角度を変えないことがとても重要です。
2. 3の指と4の指の間の付け根の関節を開くことによって、3の指を下へ向かって伸ばします。4の指の付け根の関節を指板と同じくらいの高さに（指が長い人は少し指板よりも下に）保ちます。
3. 親指を2の指の向かい側に置いておきます。（原則でなく、この練習のみ）
4. 手のすべての部分を柔軟にリラックスさせ、ゆるいヴィブラートをかけながら弾きます（ヴァイオリンの胴体に手を固定してはいけません）。

G線とD線、D線とA線でも弾きましょう。

139 【練習 2】

4の指を弾かずに押さえておきます。4の指を基本として手の位置を決めます。

リズム・ヴァリエーション

G線とD線、A線とE線でも弾きましょう。

D 左手

140 【練習 3】

138 のように4の指に重心を置きます。指の腹でなく指先で押さえ、丸い形を保ちます。

- 1小節目では、他の指を下へ伸ばす時に4の指の形や角度を変えてはいけません。
- 1小節目の終わりでは、4の指に重心を置いたまま、各指の付け根の関節には大きな空間をつくります。2小節目の上行形を弾く時も、この手の形を保ちましょう。

G線とD線、A線とE線でも弾きましょう。

141 【練習 4】

このセヴシック型の音型で、4の指を丸くリラックスさせて重心を置いておきます。その楽な状態の4の指を基本として手の位置を決めます。

- 指先で押さえると指は丸くなり、指の腹で押さえると指はまっすぐになります。
  各小節を4分音符、8分音符、16分音符で、♩＝60〜72のテンポで弾きましょう。

- どのスピードでも、指をなるべく遅いタイミングで弦に落とすようにします（指の動きは重くなく、むしろ素早く行います）。そしてできるだけ遅いタイミングで離します。
- 可能な場所では、指を軽く弦に乗せておきます。
- G線に4の指を押さえておきながらD線でも弾き、A線に4の指を置きながらE線でも弾きましょう。
- この練習や次の練習で手に無理がかかった時は休みましょう。再度始める時は、壁にスクロールをもたせかけて、親指をネックに付けずに弾きます。親指を十分に前方へ（ネックに触れてもいなくても）、2の指の向かい側あたりに置きます。

142 【練習5】

弓を使わず音を出さないで、メトロノームに合わせて指板を叩く練習です。

1. 各和音の指を、**4 3 2 1** の順番で1本ずつ弦の上に置きます。（どの指をどの弦に置くとしても）4の指を丸くリラックスさせて重心を置きます。そして、付け根の関節を拡げながら、他の指を伸ばします[1]。

2. 各指を動かしている間、全音符は軽く指で押さえておきます。4分音符、8分音符、16分音符で、次の譜例のように弾きます。指を第二関節からではなく、付け根の関節から動かします。手の甲と下腕のラインはまっすぐに保ちます。

やっかいなストレッチですが、親指、手、手首、腕をできるだけリラックスさせ、腕が固まらないようにしましょう。

和音の種類

---

[1] 93ページの「指の付け根を広げる」を参照。

D 左手

143　3度の手の形

3度を弾く時は通常よりも3の指と4の指に重心を置き、1と2の指は上駒方向へ伸ばします。1・2の指を基本にすると、3・4の指を伸ばすのがより困難になり、手が硬くなりかねません（**写真41**）。

(a) 3の指を基本とした手の形　　(b) 1の指を基本とした手の形

これは3度のための素晴らしい練習であると同時に、バランスの良い手の形にするためにも有効な方法です。テンポに合わせる必要はないので、ゆっくりと弾きましょう。

1. 3の指を弦に置きます。3の指を丸くリラックスさせ、重心を置きます。
   親指の付け根と1の指の間に空間をつくります（89ページの**写真32**参照）。
2. 3の指で弾いている時に指の形を変えずに1の指（×音）を置き、重音を弾きます。1の指を上げ、3の指は丸い形のまま弦の上に置いておきます。
3. 4の指を弦に置き、3の指を離します。4の指に重心を置き、指先を弦の上で丸くリラックスさせます。
4. 4の指の形を変えずに2の指を下へ伸ばし、重音を弾きます。2の指を離し、4の指は弦の上で丸い形を保ちます。
5. 次の3の指のポジションに移動し、同様に続けます。

フィンガード・オクターヴ

フィンガード・オクターヴを3度と同じ方法で練習します。これはたいへん重要な練習方法です[1]。

- 手の小さな人には難しいかもしれませんが、なるべく4の指を丸くしておきましょう。
- 指の付け根と1の指の間に空間をつくります（89ページの**写真32**参照）。フィンガード・オクターヴの場合は、親指は1の指と3の指の中間あたりに置いておきます。

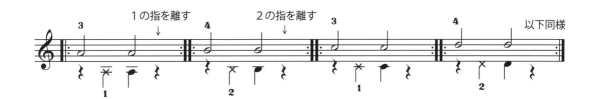

指の圧力

総じて身体の動きは、どこか一箇所が硬く緊張すると、他の場所も緊張してしまいます。もし、指と親指を握り締めていると、付け根の関節と手のひらも硬くなってしまいます。手が硬くなれば手首も硬くなります。手首が硬くなると上腕も硬くなり、上腕が硬くなれば首や肩も緊張するといった具合です。

次のようにして指を弦に置きます。

- ネックに対する親指の対圧は必要最小限にします。
- 指は押さえつけすぎず、クリアな音をつくります。
- 付け根の関節はリラックスさせておきます。
- 弦の上の指はリラックスさせておきます。
- 指を互いにくっつけて強く握り締めないようにします。
- 手首をリラックスさせます。
- 上腕は右側に引っ張りすぎないようにします。
- ヴァイオリンを肩と顎でギュッと締め付けないようにします。

144 指の独立

指と指との間隔は奏者によって異なります。しっかりと指の間に隙間ができる場合もあれば、どうしても指同士が触ってしまう人もいます。重要なことは、音を押さえている指に、他の指が横からギュッとくっついてしまわないことです（次ページの**写真42(a)**）。

この練習では、すべての場所に不要な緊張や問題点がないかどうかを確認しながら、各指で順番にゆっくりと弦を押していきます。

1. フラジョレットを弾くように、すべての指を押さえつけずに弦の表面に軽く置きます。

2. 1の指を指板の上でゆっくり押さえます（他の指や手、手首は動かさずに）。再び指をフラジョレットの時のように力をゆるめます。置かれている指が隣の指に寄りかかっていないことを確認しましょう（**写真42(b)**）。各指で同じように練習しますが、他の3本の指は常に弦の上に軽く置いておきます。指が弦を押さえる時に、親指はまったく影響を受けないように注意してください。

各弦で、次のようにすべての全音半音のグループを使って弾きます。

各小節で、すべての指を一緒に弦の上に置いておきましょう

---

[1] 上の音に重心を置いておくことと、オクターヴの二つの音の音程を合わせることを混同してはいけません。もし、オクターヴの音程がきちんと合っていない場合、下の音を上の音よりも少し大きく弾くと、より音程が正しく聴こえます。

D 左手

(a) 2の指を弾いた時に他の指がくっついてしまっている

(b) すべての指を押さえている時に、指同士の間に空間ができている

写真42

最小の圧力

指の正しい圧力（＝できるだけ少なく必要なだけ）は、指板のどの場所においても同じです。これは左手に関して最も大切なテクニックです。弦の弾力のあるしなりに対して指が軽く敏感だと、左手は簡単に楽になります。左手は弦のしなりを感じ、右手は弓、弓の毛、弦のしなりを感じます。

奏者が「指を落とす＝弦を指板に押さえつける」と考えると、手は硬くなってしまいます。特に低いポジションで大切なことは、指が弦の弾力を感じながら、きれいな音が鳴るのに必要な力だけで、弦を押さえることです。

145 【練習 1】

1. 指を軽く落とし、すぐにフラジョレットを弾く時のように力を抜きます。
2. 'ゆっくり変える' とは、指をフラジョレットの状態からきちんと押さえた状態までをとてもゆっくり行うことを意味します。言い換えると、きちんと押さえた音に必要なだけの正しい圧力の量を感じながら、徐々にフラジョレットから普通に押さえていくことです。始めはフラジョレットの音も押さえた音もきれいに鳴らない状態になりますが、ほんの少しの圧力できちんと押さえられるので、それ以上強く押さえてはいけません。

左手と指は軽くしますが、弓は弦に重く入りこむように、ずっと *f* で駒の近くで[1] 弾きます。指をフラジョレットの状態に戻しても、16分音符ははっきりと弾きます。開放弦を弾いている時もフラジョレットにする時も、付け根の関節と親指を完全にリラックスさせます。このリラックスの感覚を、指が弦をきちんと押さえた状態に戻った時も保ちます。

他の弦でも同様に弾きましょう。

その他の練習方法

● 指を軽く、フラジョレットを弾く状態に落とします。そしてすぐに、きちんと音が鳴るのに必要なだけの圧力で弦を押さえます。フラジョレットを弾いている時のように手と指をリラックスさせておきます。

他の弦でも同様のフラジョレットを使って弾きましょう。

---

[1] 低いポジションでは、G線・D線はA線・E線のように駒の近くでは弾けません。41ページの「5つのサウンドポイント」を参照。

146 【練習 2】

1. **ff** で、左手の指は弦の表面に触れている程度にします。引っ掻いたような歪んだ音になります。
2. 弓は重く保ったまま、弦を1／4押さえた状態で弾きます。左手と指は完全にゆるめます（ダラリとさせておく）。
3. 弓を常に重く保ちながら、指を半分押さえます。指をしっかり押さえていくと、音が徐々に良くなります。
4. 指を3／4押さえます。
5. 最終的に音がきちんと鳴るのに十分なだけの力で指を押さえます。指の圧力がとても軽いため、指の腹は指板に触れても、弦自体は指板に触れてはいません。

各弦で、低いポジションで、中位のポジションで、高いポジションで、同じように弾きます（ナチュラルハーモニクス＝1本の指だけでつくれるフラジョレットは避けます）。重音でも弾きましょう。

練習方法

良い練習方法とは、耳障りな音やひっくり返ったような音がしても、それを応用することです。まず、指を弦の表面だけを触るようにして、一つのパッセージまたは一つの楽章を弾いてみます。そして、1／4、1／2、3／4という具合に押さえ方を変えて弾きます。

147 音符間での解放

無駄な力が入るのを避けるために、「筋肉の動き」をする時は同じだけの「解放」がなければなりません。この練習は、音符間での手の解放に有効です。

1. 次の一連の練習を続けて弾きます。フラジョレットでは、親指と付け根の関節をリラックスさせ、弦に次の指が下りる時も、そのリラックスした感じを失わないようにしましょう。フラジョレットを弾いた指は弦の上に軽く置いておきます。
2. フラジョレットを16分音符で弾き、繰り返しましょう。
3. フラジョレットを32分音符で弾き、繰り返しましょう。
4. フラジョレット無しで繰り返しますが、音符間の解放を感じながら弾きましょう。

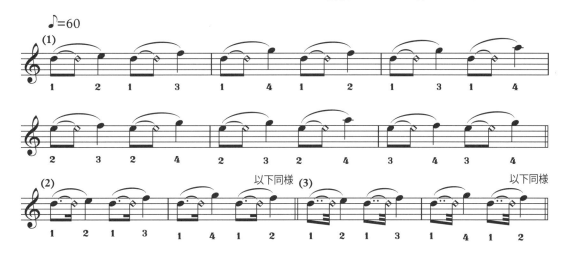

他の弦でも同様にフラジョレットを使って弾きましょう。

D 左手

148 重音での圧力

重音を単音と同じ音量で弾くためには、弓をかなり重く弾かなければなりません[1]。しかし、各弦を押さえるために必要な指の圧力は、単音の時と同じです。よく見られる手のこわばりは、重音を弾く時に指を強く押さえすぎることが原因です。弓は重く弾いても、弦を押さえる指は軽いままでいなければなりません。

重音で手を軽くしておくために、次のパッセージを練習しましょう。

(1) 低い音は ff
(2) 低い音は弾かずに、上は ff
(3) 低い音は ff、高い音は p
(4) 低い音が p、高い音は ff
(5) 低い音も高い音も mf

1. 指は弦の上に置きますが、弓は低い弦だけを弾きます。
   弓は重く大きな音で弾きますが、左指はとても軽く、下の弦が鳴るだけの力で押さえます。指は弦が指板に触れないくらい軽く押さえ、弓の重さと対照的に指と手は軽く、ゆるんでいることを感じましょう。
2. 上の音だけを弾き、同様に繰り返しましょう。
3. 両方の弦を弾きますが、弓は下の弦を重く、上の弦を軽く弾きます。両方の指は弦をとても軽く押さえます。
4. 今度は上の弦は重く、下の弦は軽く弾き、繰り返します。
5. 両方の弦を同じ重さで弾きます。弓は重く弾きますが、2本の弦に重さが分散されているのでそれほど甚だしくはありません。左手はこれまでと同じ軽さに保ちます。

指の動き

指の付け根からの動き

指、腕、脚はすべて同じように三つの主要な「てこ」を持っています。それぞれ、一番上の「てこ」は一番強く、下の「てこ」は弱いものです。

次の箇所で、互いの動きはおおよそ一致しています。
- 肩・お尻・指の付け根の関節
- 肘・膝・指の第二関節
- 手首・足首・指の第一関節

腕と脚での一番強い「てこ」は上腕と大腿部です。ごく簡単に言えば、それらの「てこ」はそれぞれ肩とお尻で、一番大きく強い身体の動きをつくります。同様に、指の主要な動きは、「指の肩」とも呼べる指の付け根の関節でつくられます。

第二関節（指の肘）から指を動かしたり、手首から先全体を動かして指を弦に下ろしたりすることは、不要なこわばりの原因となります。

指を弦から「持ち上げる」のではなく、形を変えず

---

[1] 弓が同時に2本の弦を弾く時、各弦にかかる弓の重さは半分ずつになります。つまり、あなたの体重が 50kg だったら、両脚で立つと片脚には 25kg ずつ床にかかり、1本脚で立っていたら 50kg が床にかかることになります。

三つの準備運動

149 【練習 1】

左手でゆるい握りこぶしをつくり、身体の前で手のひらを左側に向け、自然な丸い形で指同士が互いに少し触れているようにします。手の甲と下腕はまっすぐにします（**写真43(a)**）。

1. 突然、指を後方へ引っ張り、**写真43(b)** ような形にします。指は丸く保ちます。
2. しばらくその形を保った後、また突然、始めの形に戻します（**写真43(a)**）。
3. また、しばらくその形を保ってから、指を後方へ引っ張ります。数回繰り返します。

可能な限り遠くへ指を引っ張ります。手と親指は動かさずに指だけを動かし、手の甲と下腕は一直線に保ちます。指が動く時も親指は動かずにリラックスさせておきます。親指と1の指の付け根の間には空間をつくっておきます。

に付け根の関節から引き戻します。指が付け根の関節から正しく動いているかどうかを試すには、楽器を持たずに弾いている時の手の形をつくり、指を1本ずつ前後に動かした時に手が一緒に動かないかどうかを見ます。

写真43

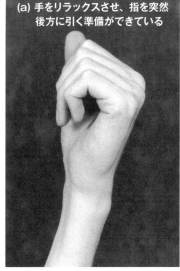
(a) 手をリラックスさせ、指を突然後方に引く準備ができている

(b) この形をしばらく保つ

150 【練習 2】

- E線に3本の指を置き、残りの指でG線とD線をはじきます。手首を突き出さずに、下腕と手の甲はまっすぐにしておきます。
- できるだけ、付け根の関節から指を後方へ引っ張って強くはじきます。
- 均等なリズムではじきます（指を弦に置く - 待つ - はじく - 待つ - 置く - 待つ - はじく - 待つ - 置く…）。

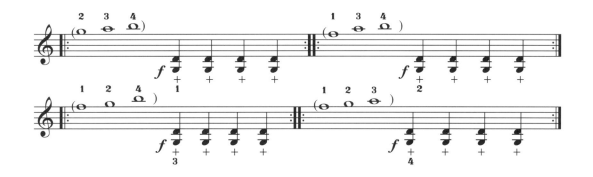

D 左手

151 【練習3】

ヴァイオリンの肩に左手の手のひらを平らにくっつけて置きます（**写真44**）。

1. 指を1本ずつできるだけ引っ張り、E線の開放弦を大きな音ではじきます。指をリズム良く動かします。指を置く‐はじく‐置く‐はじく…
2. 指で軽く、E線の上を上下に叩きます。4回を1グループとし、リズム良く叩きます。指は「下ろす、下ろす、下ろす、下ろす」であり、「上げる、上げる、上げる、上げる」ではありません。

  手の位置は指ごとに異なり、各指の付け根の関節が楽器の肩の上にくるようにしなければなりません。

  各指は付け根からのみ動かします。手はまったく動かさず、リラックスさせておきます。

写真44

E線を2の指で叩く準備ができている時の手の位置

静かで軽い指の叩き

左手のための叩きの練習[1]は、右手での音をつくる練習に相当します。音をつくる練習の場合は音程、リズム、身体の動きなどの演奏の要素を除外し、奏者は弦に対して弓がどのように接しているかだけに集中しますが、叩きの練習では指の動きのみに集中します。

写真45

指だけが動いていることを確認します

指の動き

- '下ろす、下ろす、下ろす、下ろす'と指が弦を叩くと、音が聴こえます（'上げる、上げる、上げる、上げる'という動きでは、どの指でも開放弦が鳴ります）。
- 指を硬く'ドタンバタン'とさせるのではなく、下ろした指によって弦が'はずむ'ことを感じましょう。
- 指を弦から引き上げ時も、弦の上にいた時と同じように曲がった状態を保ちます。
- 指を付け根の関節から動かし（手からでなく）、手は動かさないようにします。指が付け根の関節から動いていることを確認するには、**写真45**のように、右手の親指と人差し指で動いている指の付け根の関節の下をつかんでみます。

肘と手の位置

E線：肘はやや左側に位置します。
  付け根の関節は低い位置、指板の高さに近いところ（98ページの**写真40(a)(b)**を参照）。

G線：肘はやや右側に位置します。
  付け根の関節は高くなります（**写真40(c)(d)**を参照）。

どの弦においても低いポジションでは1の指の側面が軽くネックに触れています。

---

[1] カール・フレッシュの「Urstudien, New York 1911, Gaylord Yost」の「Studies in Finger Playing Pittsburgh 1937」を参照のこと。

親指

親指はゆるくリラックスさせて、影響を受けない状態にします。通常よりも前方に置き（2の指の向かい側あたり）、親指と1の指の間に空間をつくるようにします。また、スクロールを壁にもたせかけて、親指がネックに触らないようにして練習しましょう。

テンポ

♩＝60〜66から始め、♩＝80〜92まで上げていきます。速いテンポでは指を弦の近くに保っておきます。

152 【練習 1】（弓を使わず、左指で叩く）

指を一つのポジションに保っておき、次の音へ移る指だけ形を変えます。例えば、ラ♭を叩く1の指は立てた形ですが、ラ♮では指は寝かせた形になります[1]。

153 【練習 2】　□＝立てた指　◇＝寝かせた指

---

[1] 113ページの「立てた指と寝かせた指」を参照。

D 左手

154 【練習3】

手を第1ポジションの位置に保ち、指のみを第2ポジションの位置に動かします。

155 【練習4】

手を第1ポジションの位置に保ち、指のみを第2ポジションの位置に動かします。

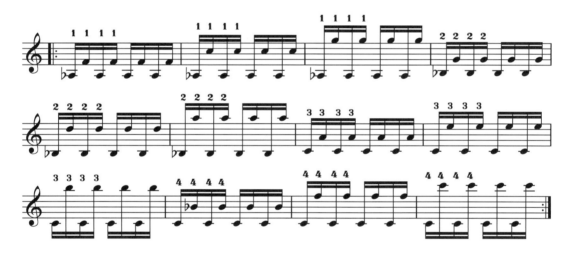

手を第2ポジションの位置に保ち、指のみを第1ポジションの位置に動かします。

【練習 5】（弓を使わず、左指で叩く）

様々な音程を含む、次の調性でも練習しましょう。

156 3度

157 4度

112 D 左手

158 6度

159 オクターヴ

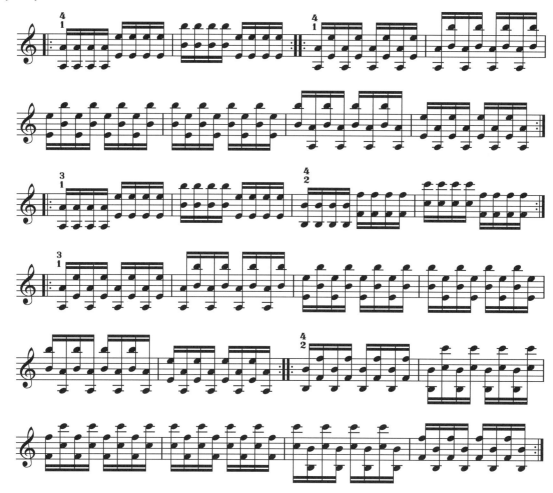

立てた指と寝かせた指

□＝立てた指　◇＝寝かせた指

'立てた''寝かせた'とは、弦の上に指を置いた時の指の形を述べています[1]。**写真46(a)** は、立てた指の形を示し（A線のド♮を弾く2の指）、第一関節と第二関節の角度は、'寝かせた指'の角度よりも直角に近くなっています。**写真46(b)** は寝かせた指を示し（ド♯を弾く2の指）。ここでは第一関節と第二関節はよりまっすぐになっています（もちろん、丸みを帯びていますが）。

写真46

(a) 2の指を'立てた形'

(b) 2の指を'寝かせた形'

立てた形は完全な直角である必要はありません（しばしば45度でもあります）。特に4の指は、寝かせた形よりは'立っている'という程度です。指の'立てた''寝かせた'は、どのポジションにいるか、前後の他の指がどうなっているかにより決まります。

例1では、2の指が立っている状態（□）から寝ている状態（◇）に動きますが、手は同じポジションに留めておきます。2小節目のソからラへ移る時、2の指は立てた形でド♮を弾く形に準備されます。

例1

《エチュード》op.20 第3番
カイザー

例2では、2の指と3の指が立てた状態から寝かせた状態に移ります。よく起こる間違いは、指を立てた状態のまま手をシフトすることです。こうすると手はどのポジションにも属さなくなり、音程の問題を引き起こす原因になります。

例2

《アイネ・クライネ・ナハトムジーク》K525 第4楽章
モーツァルト

例3では、1の指が立てた状態から寝かせた状態へ頻繁に変わりますが、手は一つのポジションに留めておきます。指を立てた状態のまま手がシフトしてしまうと、次の音の音程が低くなりかねません。

例3

〈ニーグン〉（《バールシェム》より第2番）
ブロッホ

Copyright © 1940 by Carl Fischer, Inc., New York.
Copyright Renewed. International copyright secured. Used by permission.

---

[1] 弾く音によって指は立てた状態だったり伸ばした状態だったりしますが、どちらにせよ指の先から落とすのです。すべての指は、元の位置より半音かそれ以上高い場所へ届かせるためには、伸ばした形になります。Ivan Galamian『Principles of Violin Playing and Teaching(New Jersey 1962), 17』

D 左手

● 次の練習では、手は動かさずに指だけを動かします。付け根の関節はリラックスさせ、柔軟性を持たせておきます。テンポ：ゆっくり、中位、速く

160 【練習 1】

この練習は、指を立てた状態から寝かせた状態へ、極端に動かします。

● 手は動かさず、指だけを弦の上で動かします（音と音の間で指を上げてはいけません）。
● 指をひきずる音を最小限にするため、音と音の間で力をゆるめます。

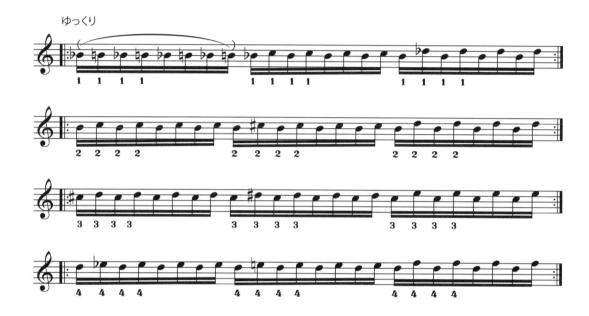

各弦でも同様に弾きましょう。各弦で1オクターヴ上でも弾きましょう。

161 【練習 2】

● 1小節目〜6小節目：手は動かさず、2番目と4番目の音を弾く時のポジションにしておきます。他の指を立てた状態から寝かせた状態へ動かします。
● 7小節目〜12小節目：1番目と3番目の音を弾く時のポジションに手を置き（その指は押さえたまま）。手は動かさずに指だけを動かします。

他の弦でも練習しましょう。

162 【練習3】

手は動かさず、指だけを動かします。

G線とD線、A線とE線でも弾きましょう。

163 【練習4】

手は動かさず、指だけを動かします。

D 左手

その他の方法

その他の練習

「指の準備」の練習も、指の立てた形、寝かせた形の練習に役立ちます[1]。

指を押さえておくこと

重複して押さえること

例えば、上行形の音階で移弦の際に4の指から1の指へ移る時、1の指の音が始まった後まで4の指を押さえておきます。他の指の組み合わせでも同様に弾きます。

指の準備[2]と同じく、これも左手の大変重要なテクニックの一つです。次に使う指を次に弾く弦に置くことを考えてから、前の弦の指を離します。すなわち、二つの動作を同時に行う（4の指が上がっている間に1の指を置く）のではなく、一つの動きとして行います。

《ヴァイオリン協奏曲》ト長調 K216 第1楽章
モーツァルト

【練習1】

指を早めに準備し押さえるための良い練習です。移弦の際、指は重音を弾くように移弦の前後で押さえておきます。

- 各小節の2番目の音を弾く指（すなわち、移弦をする前の音）を、5拍目の始めまで押さえておきます。
- 各小節の3拍目で次の弦に次の指を静かに置きます。この '準備された' 指は×印で記されています。

---

[1] 130ページの「指の準備」を参照。

[2] 130ページの「指の準備」を参照。

指を押さえておくこと

異なる全音、半音の可能性を含む、次の調性でも弾きましょう。

その他の方法

指を静かに押さえておく代わりに、重音で弾きます。

165 【練習 2】

記されているように4の指を押さえておきましょう。

1の指を押さえておくこと

音階の下行形や音階のようなパッセージでは、他の指が音階を弾いている間に1の指を弦の上に置いておくと、手がより安定します（音程も良くなります）。

《ソナタ》ト長調 op.78 第1楽章
ブラームス

この練習では、通常より極端に長く押さえています。

166 【練習1】

1の指を弦の上で、軽く押さえたままにしておきます。

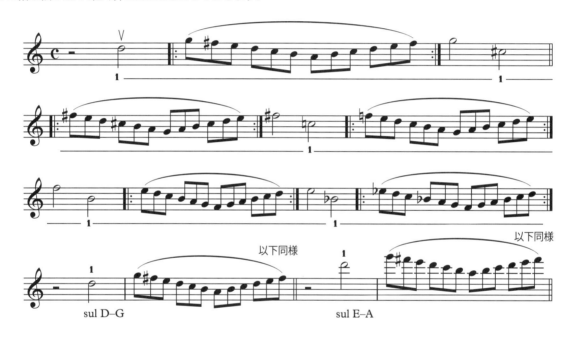

167 【練習2】

- 1の指を弦の上で、軽く押さえたままにしておきます。
- ★では、4の指を弾いている間に1の指を下へ伸ばし、新しいポジションに手を移します。指を下へ伸ばす時に手首を突き出してはいけません。
- 第3、第2、第1ポジションで1の指を伸ばす時、1の指の付け根と親指とをギュッと握り締めてしまう危険性があります。親指と1の指の間に空間をつくっておきましょう。

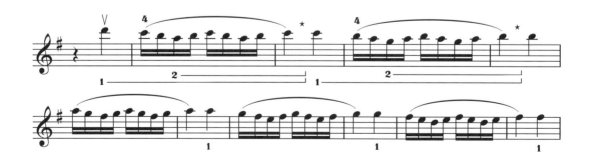

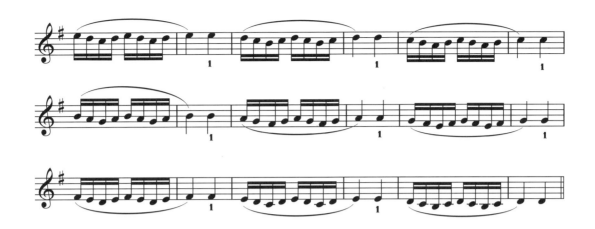

指の速い動き

　強くハンマーで打つような指の動きは、時として発音をハッキリさせるために必要ですが、全般的には指を重く動きにくくします。大切なことは、指の速い動きです。指をゆっくり動かさなければならない場合もありますが、速い動きがしばしば必要である理由に、次の二つが挙げられます。

　第一に、音量が大きくなると弦の振動する幅が広くなるから。振動の幅が広くなると、速く指を弦の上に落とさなければなりません。

　第二に、速いパッセージを弾く時、指の落ちる速度が速ければ、指を動かし始めるタイミングは遅くてもよいから。指の打つ速度は速く、しかし指の動き始めるタイミングを可能な限り遅くすると、（同じテンポでも）打つ速度が遅い時よりもゆっくりに感じられます。なぜなら、各動作の間に時間の余裕があるからです。

上げる、落とす動きのタイミング

　均等にリズミカルに弾くためは、指の上げる、落とすの動きを不均等に行わなければなりません。
指を落とす：指が弦に向かって動くと、次の音が鳴ります。
指を上げる：指が弦から離れると次の音が鳴ります。
　ですから、次の音を出したいタイミングよりも前に指は落とし始め、次の音を出したいタイミングで指を離さなければなりません。

　次のラロの例では2小節目で、指を上げるのが次の音を出したいタイミングよりも早すぎた場合、リズムが均等にならないことを示しています。

《スペイン交響曲》op.21 第1楽章
ラロ

　指を上げるタイミングと落とすタイミングは異なりますが、それはしばしば、指をできるだけ遅いタイミングで、そして素早い速度で動かすことがベストである理由の一つです。良いタイミングで指を動かせると、音の鮮明さは向上し、奏者に十分な時間の余裕を与え、十分な音量と良いリズムで弾くことを容易にします。

練習方法

　'上げる指'を均等に弾くための単純な練習方法は、他の音よりもその音を、より長く、より強く弾くことです[1]。

---
[1] 168ページの「抜けてしまう音」を参照。

指を上げること

168 【練習 1】

- 上げ弓は、弓先のとても短いスピッカートで弾きます。左手のピッツィカートのような音を弓のストロークでつくります。
- この練習では手を動かさずに、指を付け根の関節から動かせてはじくことが重要です。
- テンポ：ゆっくり、中位、速く

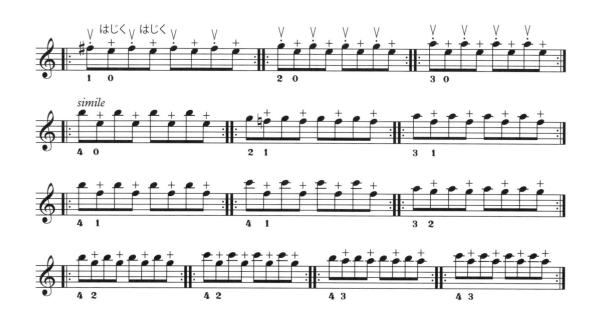

同じパターンをG線でも練習しましょう。E線をはじく時は肘を左に寄せ、G線をはじく時は右に寄せます。

169 【練習 2】

高いポジションで開放弦から指を上げる際、指が弦から離れる時に'ぼやけた'音が入らないよう、指を動かす必要があります。'ぼやけた'音を避けるために、わずかにはじく動作を入れること（チェロの弾き方のように）は可能ですが、この練習のポイントは、はじかずに指をなるべく速く上げることです。同様な速い上げ方を低いポジションでも行います。

- 強く、駒の近くで弾きます。音量が上がると、指はより速く上げなくてはいけません。
- 高いポジションでは開放弦が即座に発音するように、指をとても速く上げなくてはいけません。速く上げる感覚を忘れないで、第1ポジションでも同様に上げます。
- この練習をできるだけ効果的にするために、横にはじく動作は入れずに、指を垂直に上げます。弓をよく'吸いつけて'、指を上げる前にディミヌエンドが入らないように気をつけてください。

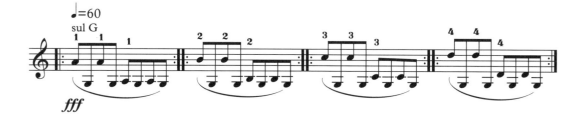

各弦でも練習しましょう。

徐々に速さを上げる

170 【練習 1】

弦の振動がより幅広いと（音量が大きいと）、「指を押さえる、離す」の動きはより速くなくてはなりません。
- **pp** で始め、指はゆっくり「押さえ、離し」ます。
- 音量が上がるにつれ、「押さえる、離す」の動きの前に、待つ時間をより長くとり、指の動きをより速くします。
- 音量や指の動きの速さに関わらず、常にきれいな音で、指の「押さえ、離す」の動きとともに'ぼやけた'音が入らないようにします。

mf や **ff** を弾く際、指を「押さえる、離す」時に'ピシッ'といった音を聴きましょう。

サウンドポイントについては 41 ページを参照。

各弦でも弾きましょう。

171 【練習 2】

♩ = 60 のテンポを変えずに、指の動きの速さだけを変えることを確認しましょう。

1. 指の「押さえる、離す」の動きは、止めることなくゆっくり、常に指を動かして行います。つまり、拍とともに押さえ始め、動きがゆっくりなのでちょうど次の拍で弦に触れます。そしてすぐに離す動きに入ります。指が弦をしっかりと押さえていないと、'割れた音' や 'ぼやけた音' がします。

2. 指の動きの速さを徐々に上げて、「押さえる、離す」の動きの後の、次の拍へ動かし始めるタイミングを遅くしていきます。音の鮮明さは徐々に良くなります。

3. 最後に、指の動きをとても速くし、指が常に安定して動いている状態にします。指を上げたまま降りるのを待ったり、押さえた指が離れるのを待ったりしないように。

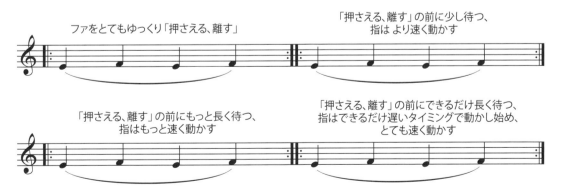

各弦で、次の指使いでも練習しましょう：**01, 02, 03, 04；12, 13, 14；23, 24；34**

D 左手

ゆっくりなテンポでの指の速い動き

172 【練習 1】

- 駒の近くで音を良く保ち、均等に *f* で弾きます。
- とてもゆっくりなテンポで弾きますが、指は可能な限り遅いタイミングで動かします。
- 各音は、指を「押さえる、離す」時の'ピシッ'という音とともに始まります。指をとても速く動かすために、通常よりも高く上げます。
- 全弓で弾き、弓をとても速く使い、弦を可能な限り幅広く振動させます。
- 高い音の指を離す前に、低い音の指を弦の上に置いておきましょう[1]。

各弦で練習しましょう。

練習の方法

中位～速いテンポのパッセージ（または曲の全体）を、とてもゆっくりなテンポで通して弾きます。可能な限り指を動かし始めるのを待ち、もう一瞬待ったら遅すぎるという直前まで指を動かさずに保ちます。そして「押さえる、離す」の動きを極端に速く行います（弦の上で準備している指は、速く落とすのでなく、置いておかなくてはなりません）。

173 【練習 2】

この練習では、各拍でしか音が変わらないので、指の'テンポ'はゆっくりのように感じますが、次の音へ変わる時は弓と調和をとるために、指の動きを速くします。

- 可能な限り速く弾き、指が次のポジションに間に合うように速く動かします。♪＝ 92 で始め、♪＝ 120、♪＝ 144 でも繰り返しましょう。
- 指を変える時、雑音が入ってはいけません。とても速く動かしますが、（1）弓が開放弦を弾かないこと（2）弓が弦をしっかりと捕えないための'あいまいな'音が入らないこと。
- 1本の指で2本の弦を押さえないで、2本の指を弦から離して次の弦に置きます。
- 始めは指を弦の近くに保ちます。徐々に指を高くあげ、より速く指を動かさなくてはならないようにします。

---

[1] 130 ページの「指の準備」を参照。

G線とD線、D線とA線でも弾きましょう。

 簡単なヴァリエーション

♪＝92で始め、♪＝120、♪＝144でも繰り返しましょう。

各弦で弾きましょう。

 難しいヴァリエーション

低い音はD線で弾きます。始めは上の音だけ、そして下の音だけ、と1音ずつ弾きます。なぜなら、指を遠くへ移動させるために速く動かさなければならないからです。

D線、A線でも弾きましょう。

D 左手

176 【練習3】

とても速いデタシェを弾き、8分音符に鋭いアクセントを付けて弓を止めます。8分音符はきれいな音で弾きましょう。アクセントが強くても、弓が動き出す前に左指はしっかりと音を押さえておかなくてはなりません。

各小節を上げ弓から、下げ弓からで始めます。

指使い

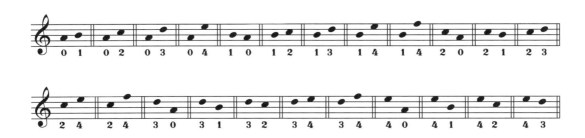

各弦で弾きましょう。

177 難しいヴァリエーション

3の指をG線の上に置きますが、実際には弾きません（×音）。上の音だけを弾き、3の指はA線へ行く直前までG線を押さえておきます。遠くへ移動しなくてはならないので、指をとても速く動かす必要があります。

E線とD線でも弾きましょう。

178 リズム

- 弓と指のタイミングを完全に合わせ、リズムを正確に弾きます。32分音符をはっきりと弾きましょう。
- **指を押さえる**
  指の動くスピードが最も速くなるように、押さえる前に通常よりもやや高い位置に用意します。弓が動き出す直前、可能な限り遅いタイミングで下ろします。指を弦の近くの低い位置に用意しないでください（原則でなく、この練習のみ）。
- **指を離す**
  指を離す前に、次に弾く、番号の若い指を弦の上に置いておきます[1]。通常よりもずっと高く指を離します。弓が動き始める直前に、できるだけ遅いタイミングで離します。

---
[1] 130ページの「指の準備」を参照。

このリズムのパターンを上記の音でも弾きましょう。

4の指

次の五つの練習に加えて、196 のパターンを4の指を使って弾きましょう。また、音階、アルペッジョ、分散3度・4度など（211〜213）を4の指だけを使って弾きましょう。

4の指を使います。

- 親指の付け根と1の指の間に空間をあけておきます（親指は1の指の向かい側、または1の指と2の指の間）。
- 手を動かさずに、指の付け根の関節から上げ下げします。
- 肘から手の甲をまっすぐにします。
- 指はできるだけ遅いタイミングで動かし始め、とても速く動かします。
- 4の指が第二関節で潰れていたら、指の腹ではなく、より指先で押さえましょう。

決して無理をしてはいけません。あなたにとってこの練習のストレッチが本当に難しすぎたなら、止めておきましょう。多くの場合、手と指と親指を完全にゆるめると、指をもっと広げて届かせることができます。付け根の関節から1の指と2の指の間を広げて手を開きます。よくある間違いは、手と付け根の関節を緊張させ、4の指を上に向かって伸ばしてしまうことです。ストレッチをする時は、手と指をリラックスさせておきましょう。

3の指と4の指を付け根の関節から開くためには、3の指を指先のやや左側面で押さえ、4の指は指先のやや右側面で押さえます。つまり、3の指はスクロールの方へやや傾き、4の指は駒に向かって傾きます。

各弦でも弾きましょう。

D 左手

179 【練習 1】

- 3の指は押さえたままにして、1の指は軽く弦の上に置いておきます(( )音)。
- 4の指は付け根の関節から完全に独立させて動かします。指を動かす時に手の動きを使ってはいけません。
- 付け根の関節を開くために、3の指は指先のやや左側面で押さえ、4の指は指先のやや右側面で押さえます。

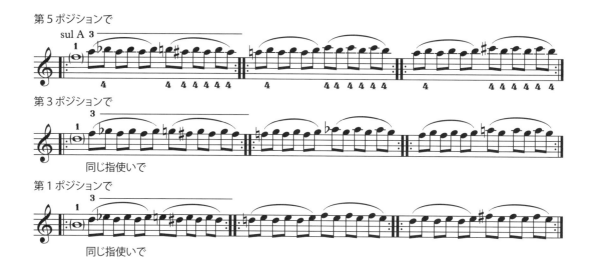

180 【練習 2】

- 付け根の関節を開くために、3の指を指先のやや左側面で押さえ、4の指は指先のやや右側面で押さえます。
- 4の指でピッツィカートをはじいている間、全音符は弾き続けます。
- 強い音ではじいて、できるだけ練習効果を上げます。
- 4の指を使っている時、手、親指、手首は動かさずにリラックスさせておきます。1の指は弦の上に軽く置いておきます(( )音)。

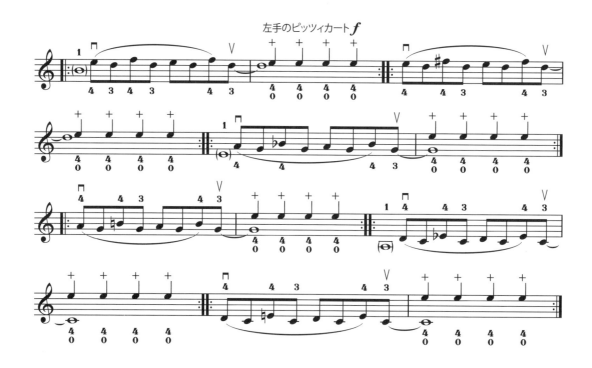

181 【練習 3】

- 強い音で弾き、できるだけ4の指の練習効果が上がるようにします。
- 付け根の関節を開くために、3の指を指先のやや左側面で押さえ、4の指は指先のやや右側面で押さえます。
- 3の指は押さえたままにします。1の指は軽く弦の上に置いておきます（（　）音）。
- G線とD線、D線とA線でも弾きましょう。

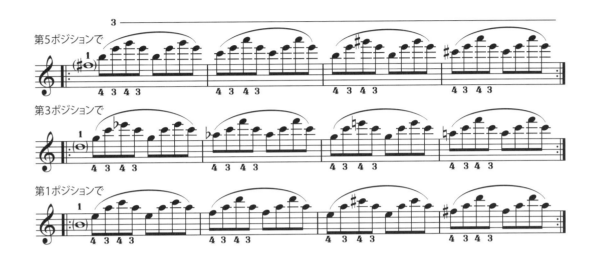

182 【練習 4】

- 1の指と2の指を弦の上に、なるべく長く押さえておきます。4の指を弾く時、3の指は押さえておきます。
- 4の指の「押さえる、離す」を可能な限り遅いタイミングで素早く、付け根の関節から行います。
- 4の指を離す前に、次の若い番号の指は弦の上に置いておかなければなりません。これは、各小節の3番目、5番目、7番目、9番目、11番目の音にも該当します。
- 指を「押さえる、離す」時に、'ピシッ'という音を聴きましょう。

リズム・ヴァリエーション

同じパターンを、他の弦で第1ポジションから練習しましょう。

D 左手

183 【練習 5】

- 1の指を押さえたままにします。
- 可能な場合は2の指も押さえたままにします。

同じパターンを他の弦で第7、第4、第1ポジションでも弾きましょう。

左右の手の調和

多くの場合、左手の指の準備よりも、右手の弓の準備の方が簡単です。左手の指は音から音へと形を変えたり、シフトで手全体を移動したり、その前の状態によって色々な高さから指を押さえたり他の弦から移動したり、時には指を弦から離す前に次の指を準備しなければならない、といった具合です。その間、弓はシンプルに上げたり下げたりするだけで良いのです。

左手の指は常に先行していなければなりません。もし、指が遅れてしまうと、弦を半分しか押さえていないうちに弓で弾いてしまい、'ぼやけた' 音の原因となります。

音が上行する時に弦を押さえる指の準備が遅すぎたり、指できちんと押さえる前に弓が動き始めたり、下行形で指を離すのが遅すぎると、弓は次の音の前に弾いてしまいます。次の二つの練習では、指をとても大げさに早いタイミングで準備します。

両手の動きの調和を完璧に確かめるシンプルな方法として、ピッツィカートがあります。指を置くタイミングとはじくタイミングが異なるのは明らかです。次の例では、始めはピッツィカートで、次に弓で弾きますが、弓を使う時も、はじく時と同じタイミングで弾きます。

《ヴァイオリン協奏曲》ニ長調 op.61 第1楽章
ベートーヴェン

指の先導

184 【練習 1】

- 各小節の始めの音を均等にしっかりと保ち、2 拍目で突然、弓を止めます。弓圧は軽くしないで弦の上に置いておきます。
- 3拍目で次の指を静かに弦の上に置きます（×音）。
- ♩=100 で始め、徐々に ♩=200、それ以上とテンポを上げます。各テンポで、各小節を数回ずつ繰り返します。

例（ここでは指使いのパターンの 5 小節目と 6 小節目を例にしています。★を参照）

指使いのパターン

各弦でも練習しましょう。

185 【練習 2】

- メトロノームに合わせながら弾きます。
- 最初の音を徐々に長くし、2番目の音を弓の返しに近づけます。
- 2番目の音が弓の返しのほんのわずか前になるまで続け、左右のタイミングが完全に合うように弾きます。

指使い

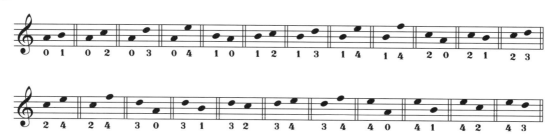

同じ指使いで他の弦でも弾きましょう。

練習方法

《四季》より〈冬〉op. 8 第4番 第1楽章
ヴィヴァルディ

以下同様

ゆっくりなテンポで始め、付点音符をできるだけ長く、短い音はできるだけ短くします。徐々にテンポを上げ、付点のパターンを可能な限り速くし、常に指が弓よりもほんのわずか前に準備されていることを確認しましょう。

これは効果的で即効性のある、唯一の練習方法です。

指の準備

指の準備は'音楽的タイミング'とは相容れない'技術的タイミング'のもう一つの例です（27ページの「回転運動」の脚注を参照）。下行する音をスムーズに切れ目なく弾くには、上の音の指を離す前に番号の若い指を準備しておかなければなりません。

《42のエチュード・カプリス第2番》
クロイツェル

この例では、1番目と3番目の音は当然、弓が動く前に弦の上に指が準備されていますが、ここで調和の問題が出てきます。この2の指は、'準備された'指ではありません。4番目の音（1の指のファ）は準備された指です。どのようなテンポでも、前の音（2の指のソ）を弾いている間に次の指が弦の上に置かれていなければなりません。まず始めに準備された1の指は強く押さえず、半押さえの状態にします。そして、2の指を離すと同時に1の指はファの音をしっかりと押さえます。

7番目の音（3の指のレ）は準備された指であり、弓がA線にいく一瞬前に弦を完全に押さえます。9番目の音（2の指のド）は4番目の音（ファ）と同様です。

186 【練習 1】

準備する指をとても大げさに速く、譜例の×音のようにシンコペーションのようなタイミングで置きます。準備する指は強く押さえつけずに弦の上にそっと置いておき、前の指を上げると同時に弦をしっかりと押さえます。次の音を押さえてから前の音を終える、という二つの別々な動作ではなく、一つの動きとなるようにします。

例

D 左手

187 【練習 2】

各グループの3番目の音は低い弦で、指は譜例のとおり、シンコペーションのように準備します。

他のポジション

D線とG線の第5ポジションで始め、E線とA線の第4ポジションでも弾きます。

188 【練習 3】

各グループの4番目の音が準備された音です。シンコペーションのように早めに準備しましょう。

他のポジション

　G線とD線の第5ポジションで始め、A線とE線の第4ポジションでも弾きます。

189 【練習 4】

　各グループの2番目と4番目の音が準備された指です。例のとおり、シンコペーションのように早めに準備しましょう。

例

他のポジション

　D線とG線の第5ポジションで始め、E線とA線の第4ポジションでも弾きます。

D 左手

190 【練習 5】

各グループの 2 番目と 4 番目の音を準備し、シンコペーションのように置きましょう。

他のポジション

G 線と D 線の第 5 ポジションで始め、A 線と E 線の第 4 ポジションでも弾きます。

トリル

下の音の指の解放

ヴァイオリンのほとんどの動きには対抗の動作があり、通常、主となる動きに対抗する動きです。トリルでは、下の指は上の指と反対の方向へ（ほとんど目に見えないくらい）動きます。

トリルの下で押さえている指は、きつく押さえすぎてはいけません。上の指が自由に動くことができなくなってしまうからです。

191 【練習 1】

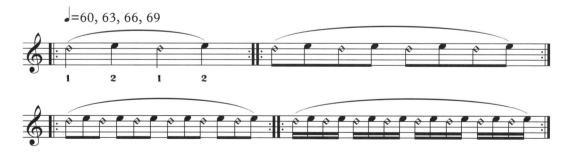

音符が細かくなっても、フラジョレットははっきりと発音されなければなりません。

指使い

- フラジョレットを弾く間、手首、手、指、親指は完全にリラックスさせておきます。上の指を弾く時も同じリラックスした感覚を保ちます。
- 上の指を弾く時、フラジョレットの指は弦に軽く触れているようにします。
- 始めはゆっくり ♩=60 で、徐々に ♩=63、♩=66、♩=69 とテンポを上げていきます。
同じパターンを他の弦でも弾きましょう。

192 【練習2】

高い方の指を下ろす時、低い方の指は高く上げ、2本の指を反対に動かします。

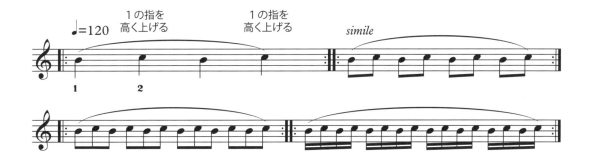

指使い

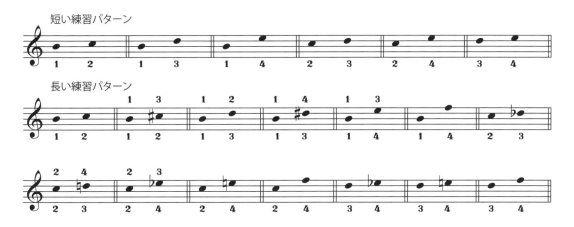

同じパターンを他の弦でも弾きましょう。

D 左手

193 【練習3】

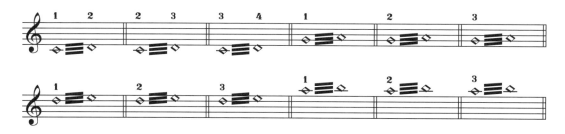

トリルが十分に速ければ、この練習での高い方の音は5度高く聴こえ（低い音の指は弦に触れている状態）、実際には次の譜例のように聴こえます。

トリルがはっきりと聴こえない場合は、弓を速く使うか、駒の近くで弾いてみましょう。そして下の音の指（弦の上に置いてある）が重すぎず、音程が高すぎないことを確認しましょう。

このようなフラジョレットのトリルでは、指がとても動きやすく軽い感じがするものです。ほんの少し努力をして、できる限り速いトリルを目指してみましょう。手と指に痛みがあってはいけません。通常のトリルでも同じように楽に弾きましょう。

194 1音1音の確立

まず、*f* の長い音を駒の近くで弾き、弦をできる限り幅広く振動させます。ヴィブラート無しで弾きます。

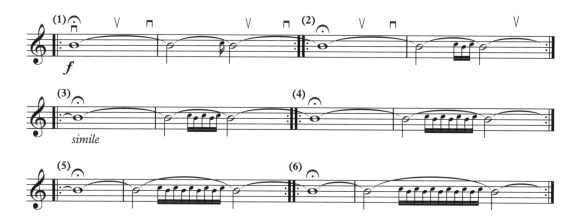

1. トリルを弾いている指を通常より高く上げ、とても速く弦に下ろし、通常より高い位置に速く上げリラックスさせます。指は付け根の関節から動かします。
   指を「押さえる、離す」時に'ピシッ'という音を聴きましょう。指を動かす時は音を良い状態に保ちます。
2. トリルを弾いている指を通常より高く上げ、とても速く弦に下ろし、次に少しだけ上げて下ろし、そして始めの位置に上げます。
3. トリルを弾いている指を通常より高く上げ、とても速く弦に下ろし、その後は少しずつ上げる指の高さを低くしていき、最後は始めの位置に上げます。
4.～6. 例では六つまでのトリルを取り上げています。八つや九つまで続けてみましょう。
   楽器をよく鳴らし、トリルのすべての音をはっきりときれいに弾きましょう。指を上げるタイミングが早すぎたり、「下ろす、上げる」が遅すぎたりして、'あいまいな'音にならないよう注意しましょう。

この練習ではタイミングについて、次の三つの問題点に注意しましょう。(1)いかに速く指を下げるか(2)弦の上にどれだけ長く留まるか(3)いかに速く指を上げるか。

特に、重音では弦の上に留まっている指を強く押さえつけないようにします。

指使い

各弦で練習しましょう。

195 方　向

トリルを弾く指は「上へ上へ上へ」と動かすのであって、「下へ下へ下へ」でも「下へ上へ下へ上へ」でもありません。ハイフェッツが弾いたブルッフのコンチェルト[1]の録音（または他の多くのアーティストの録音）を2分の1の速さで聴いてみると、トリルのパッセージは均等ではなく、おおよそ次のように聴こえます。

《ヴァイオリン協奏曲》ト短調 op.26 第1楽章
ブルッフ

---

[1] 「New Symphony Orchestra of London cond. Marcolm Sargent, RCA, LSB 4061」

D 左手

次の単純な練習は、トリルのテクニック、トリルを伴った特定のパッセージの向上のために役立ちます。あたかも弦がとても熱く、指が早く弦から離れたがっているかのように弾きましょう。

指使い

194 と同じパターンで、1本または2本の弦で弾きましょう。

196 リズム練習

これはセヴシックのような練習の代わりになり、素早くできるウォーミング・アップであり、2本の弦のあらゆる組み合わせに適応するものです。

- メトロノームを使ってゆっくりと ♩=60 で始め、徐々に ♩=80 まで上げていきます。
- 指の「押さえる、離す」を可能な限り遅いタイミングで行い、各音の始めと終わりをはっきりさせます。
- 大きな音で弾くと、練習効果が最大になります。
- 手全体や手首からではなく、指の付け根の関節から動かします。うまくできない場合は、使っていない指を他の弦に置き、手の動きは無しで、指だけを動かしていることを確認します。

指使い

194 と同じパターンで、1本または2本の弦で弾きましょう。

197 音のグループ

指が1本ずつ独立して弦を押さえたり離したりすることは、ある一定のテンポまでは可能です。そのテンポを超えると、扇を開くような一つの動作で、音のグループを一度に押さえたり離したりする方が簡単になり、複数の音をほぼ同時に弾けることになります。それによって指の動きは少なくなり、速いパッセージをゆっくりに感じることができます。140ページのブルッフの例では、指の動きが（シフトは数えずに）17個から6個に減っています。

上行：各小節の始めの4分音符を弾いている間、他の指を全音、半音に注意しながら準備しておきます。指を一つの動きで下ろします。とても速い動きですが、各音ははっきりと聴こえなければいけません。

下行：下の音の指を弦の上に準備し、すべての音を一つの動きで'傾ける'ように弦から離します。

次の練習も同様ですが、ここでは第1音で止まらずに行います。「押さえる、離す」の動きを、弓が動き出す瞬間に始め、すべての指を'傾ける'ように動かします。

各弦で練習しましょう。全音、半音のすべての組み合わせを練習するために、すべての調性で行います。

D 左手

練習方法

次の速いパッセージを、指が一つの動きで弾けるグループに分けて練習しましょう。

《ヴァイオリン協奏曲》ト短調 op.26 第1楽章
ブルッフ

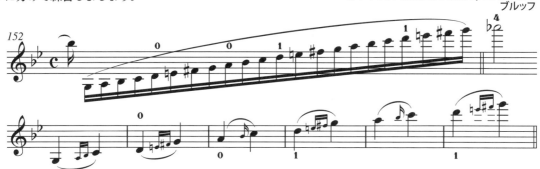

下行形のパッセージも同様に練習しましょう。

指の伸ばしと縮め

伸ばし

手が小さくて次の第1ポジションでのストレッチが難しい場合は、無理せず、できる範囲で行いましょう。

- 手首と下腕をほぼまっすぐな状態にして、指を伸ばした時に手首が前に突き出ないようにします（97ページの**写真39**を参照）。
- 親指を十分に前側に置き、親指の付け根と1の指に空間をつくっておきます。
- 付け根の関節を開くことによって指のストレッチを増していき、指の間隔が最も開くように指先の使い方を工夫します[1]。基本的に、2の指、3の指、4の指はできるだけ弦に対し立てた状態にして置きます（原則でなく、この練習のみ）。
- 指を上へ、下へと伸ばしますが、音程が変わらないように気をつけましょう。

198 【練習1】

上行

下の音の指は弦の上に軽く置いておき、上の音を弾く時に離さないようにします。例えば、1小節目では1の指を離さないようにします。

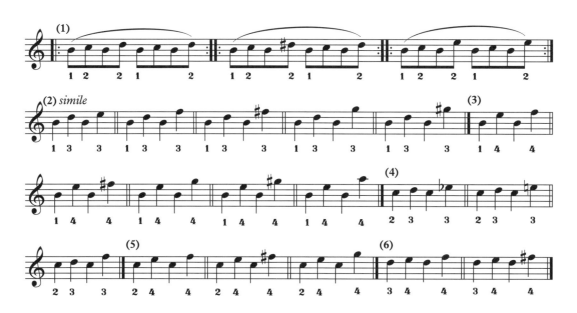

---

[1] 93ページの「指の付け根を広げる」を参照。

下行

各小節の1番目と3番目の音の指を離す前に、2番目の音、4番目の音を押さえておきます[1]。

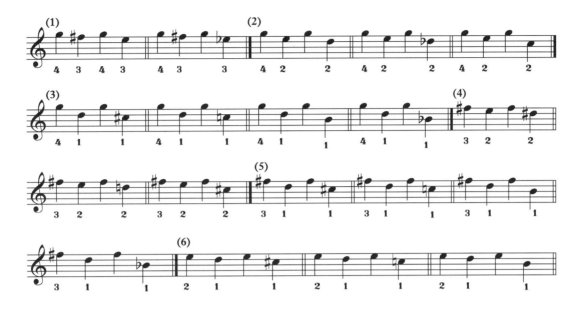

他のポジション

様々なオクターヴを他の弦の同じ音で弾いてみましょう。

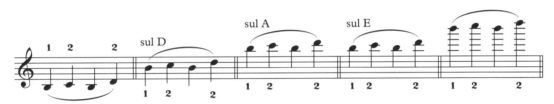

199 【練習 2】

- 上行：下の音の指は、弦の上にずっと置いておきましょう。
- 下行：下の音の指を弦の上にしっかりと置くまで、上の指を離してはいけません。

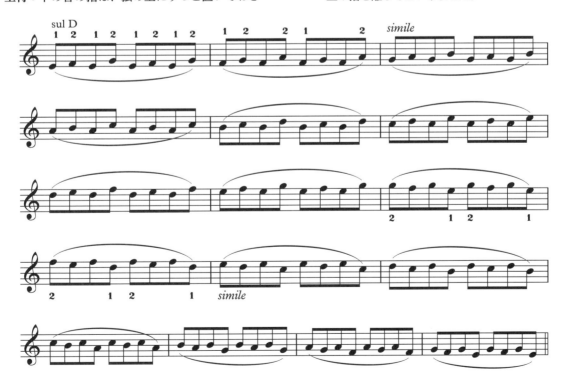

---

[1] 130ページの「指の準備」を参照。

D 左手

スラーを付け、各小節を最低2回ずつ繰り返しましょう。

次の調性でも練習しましょう。

同じパターンを第1ポジションから、他の弦でも弾きましょう。

200 【練習3】

- **上行**：下の音の指は、弦の上にずっと置いておきましょう。
- **下行**：下の音の指を弦の上にしっかりと置くまで、上の指を離してはいけません。

次の調性でも練習しましょう。

同じパターンを第1ポジションから、他の弦でも弾きましょう。

201 【練習 4】

- 上行：1の指は、弦の上にずっと置いておきます。
- 下行：手の重心を4の指にかけ、1の指を下へ伸ばします。1の指をしっかりと弦の上に押さえるまで4の指を離してはいけません。
- スラー無し、スラー有りの両方で練習しましょう。

次の調性でも練習しましょう。

同じパターンを第1ポジションから、他の弦でも弾きましょう。

練習方法

指を伸ばす距離を理解するために、目的の音の上下の音も練習してみましょう。

《ソナタ》ト長調 op.78 第1楽章
ブラームス

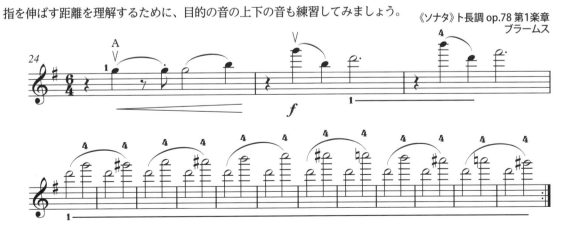

縮め

202 【練習1】

1の指をずっと押さえておく

他の弦の同じポジションでも練習しましょう。

203 【練習2】

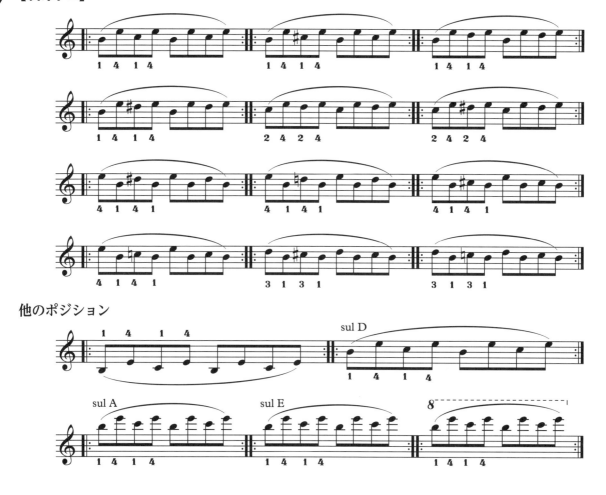

他のポジション

シフト（ポジション移動）

Shifting
Lagenwechsel

Part E

'ゴースト' かすかな音

シフトの際は'かすかな音'を使います。次のことに注意しましょう。

1. フラジョレットを弾くように指を軽く。
2. 弓の圧力は最小限に。
3. 弓を使う量は最小限に。

腕の動き

低いポジション（第4ポジション以下）：肘は左右に動かさないで、手をネックに沿って上下に動かします。

中位のポジション（第5～第7ポジション）：手は親指に支えられて、楽器の肩の部分より上へ突き出ていきます。

手は楽器の肩の部分の側面に回ってはいけません。肘が身体の中心よりも内側に入りすぎてしまうからです。肘が右側（内側）に入るのは最小限にしなくてはいけません。

高いポジション（第8ポジション以上）：腕の動きはほとんど無く、手首から先を動かしてシフトします。

高いポジションまたは中位のポジションから下のポジションに下りる時、肘は左方向へ動かなくてはなりません。**写真47(a)** と **(b)** では、第8ポジションのラの1の指が第1ポジションに下りています。**写真47(b)** は肘が十分左側にあるので良いポジションですが、**写真47(c)** では肘が右側に入りすぎて'動けなく'なっています。

写真47

(a) 1の指が第8ポジションにいる状態

(b) 1の指が第1ポジションにいる状態

(c) 第8ポジションから下りているが、肘が右側に入り過ぎている状態

E シフト（ポジション移動）

204 【練習1】

1小節目：肘を左右に動かさず、手を上下に動かします。
2小節目：上行では肘を右側に、下行では肘を左側に動かします。親指を支えにして（**写真47(a)**）、手を上方に、ヴァイオリンのボディの上へ移動します。
3小節目：腕全体は動かさず、肘は右側に保ちます（必要に応じて）。手首から先を動かせてシフトします。

他の弦でも繰り返しましょう。E線の低いポジションでは肘を左側に向けておきます。高いポジションでは必要なだけ肘を右側へもっていきます。

205 【練習2】

2オクターヴを一つの弦で移動する時は、204 で分けた三つの動きを同時に行います。

- 三つの異なる動きをスムーズに一つの動きで行います。低いポジションでは手と下腕のみが動き、中位のポジションへの移動では肘は右側へ移動し、高いポジションでは手だけが移動します。
- 下行では、上腕を右側に入り込んだままにせず、通常の位置であるヴァイオリンの下にくることを確認しましょう（**写真47(b)(c)**）。

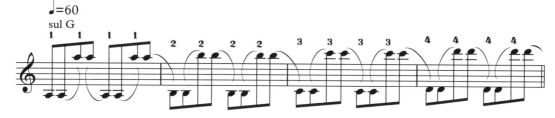

各弦で弾きましょう。

206 シフトの先導

親指の準備

シフトの際、指、手、腕が親指より先に移動する時や、親指が先に移動する時に、いくつかの原則があります。動作は、手の大きさ、親指の長さ、弾く音、シフトの速さによって変わります。一般的な原則は次のとおりです。

1. 第1または第2ポジションから上のポジションへの移動：親指と手は一緒に動きます。
2. 第3ポジションから上のポジションへの移動：手が親指に先立って移動することがあります。
3. 第3、第4、第5ポジションから第1ポジションへの移動：手より親指が先に動きます。
4. 第6以上のポジションから第1ポジションへの移動：親指、手、腕が一緒に動きます。
5. 高いポジションから第3ポジションへの移動：シフト中、親指は後から新しいポジションに移ります。

親指の移動の'原則'は何かと考えることなく、親指の自然な使い方を見つける良い方法は、肩当てを外して弾いてみることです。親指は正しいタイミングで正しい動きをせざるを得なくなります。肩当てを付けて弾いても親指が正しい動きをするよう、記憶しておきましょう。

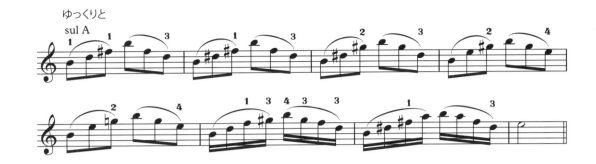

- 肩当てを付けずに、譜例のようなセヴシックの1弦上でのアルペッジョを弾いてみます。親指は常に楽器を支えていることになり、自動的に正しいタイミングで準備することになります。
- ゆっくりと弾きます。親指が本能的に行きたいところへ行くのを確認しましょう。

練習方法

肩当て無しで1曲を通して弾きます（肩が上がって楽器を締め付けないよう常に気をつけます）。スクロールを動かさないで、親指、他の指、手、腕のすべてが独立できるように、様々なパッセージを練習します。

- 顎と肩で楽器を締め付けないで（肩を上げないで）ください。楽器は鎖骨の上に置き、頭の重さを顎当ての上に乗せます。楽器の下にパッドのようなものを置くのも良いでしょう。
- アルペッジョをすべての可能性にわたって、他のポジションでも練習しましょう。

再び肩当てを付けて弾いた時も、親指が同じ動きをするようにします。多くのパッセージはとてもゆっくり弾かなくてはならないことが分かるはずです。

指の先導

シフトの推進力となるのは手や腕ではなく、指です。指先が次の音に達することを目指し、手や腕は後からついていきます。 207 では動くタイミングを大げさに練習してみましょう。まず、指だけが独立して動き、そして親指、手、腕が一緒に動きます。

207 【練習1】　□＝立てた指　◇＝寝かせた指[1]

1小節目では手を第1ポジションに置いたまま、指だけを動かします。親指を動かしてはいけません。2小節目では前のポジションから次のポジションへ普通にシフトします。

- 1小節目では指を立てた状態で始め、高い方の音へ指を伸ばし、そして再び立てた状態へ戻って低い音を弾きます。決して手は動かさずに指だけを動かします。
- 2小節目では手と腕で通常のシフトをしますが、1小節目での指の動きもほんのわずか使います。どのシフトでも、指先が新しい音をめがけて動きます。

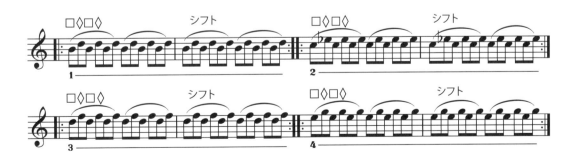

各弦で弾きましょう。

---

[1] 113ページの「立てた指と寝かせた指」を参照。

E シフト（ポジション移動）

208 【練習2】

- シフトをする時、指だけを動かします。矢印のところでは、新しいポジションに向かって親指、手、腕を動かします。
- →＝親指を上へ動かす（駒に向かって）
- ←＝親指を下へ動かす（スクロールへ向かって）
- 一定のリズムで動かします（指‐親指‐指‐親指など）。

各弦で弾きましょう。

ゆっくりとした速さでの到達

距離の長いシフトでは（短いシフトでもよくありますが）[1]、一つのスピードだけで動くのではありません。正確にシフトする秘訣の一つは、目的の音の少し手前あたりまでは速くシフトし、その後ゆっくりと目的の音へ向かってシフトを続けることです。歌手が音程を取る時に、よくこの方法を使います。大切なことは、目的の音よりも高く行き過ぎてから戻らないことです。ゆっくりとした速度で到達する利点は、到達する音よりも低い音程の中でさえあれば（少し高めでも、低めでも）どこへシフトしても問題なく、それからゆっくりと目的の音へ動けば良いことです。

多くの場合、このゆっくりとした速さでの到達はまったく気づかれないものです。歌手の場合は耳に聴こえる時もありますが、パッセージの表現の一つとして使われています（しかし、指を引きずるスライドやポルタメントとはまったく異なるものです）。

次の練習では、各シフトで目的より半音下の音が書き加えられています。付点のリズムが、シフトの速度が速く→ゆっくりとなることを示しています。

練習方法

---

[1] 例えば、パガニーニの《24のカプリス》op. 1の第24番の第3番目のオクターヴのヴァリエーションでは、すべてのシフトでこの方法を使います。ラからソ♯の半音のシフトにおいても、この方法で練習すると、より正確で簡単にできるようになります。

1本指の練習

- 1本の指で弾く時、他の指は弦の上か近くでリラックスさせ、影響を受けないようにします。
- 1の指だけで弾く時は、ときどき4の指を隣の弦に軽く乗せて練習します（フラジョレットのように軽く）。また、4の指だけで弾いている時は1の指を乗せておきましょう。

209 ゆっくりとした速さでの到達

【練習1】

1. まず、次の例のように2小節毎に弾きます。f で音を均等によく保ち、左手を軽くして弾きます。付点8分音符へ素早くシフトし、2分音符へゆっくりとシフトします。
2. 2小節毎に、付点8分音符をかすかに聴こえるくらいの音で弾きます[1]。
3. 付点8分音符を省いて弾きますが、やはり速くシフトし、目的の音へ向かってゆっくりと到達します。

他の指とポジション

他の弦の様々な音域で、できる限り高いポジションまでオクターヴで上がります。

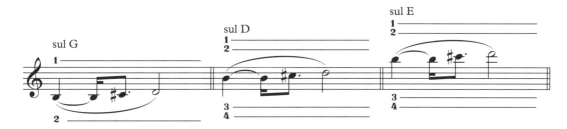

---

[1] 145ページの「'ゴースト' かすかな音」を参照。

E シフト（ポジション移動）

210 【練習 2】

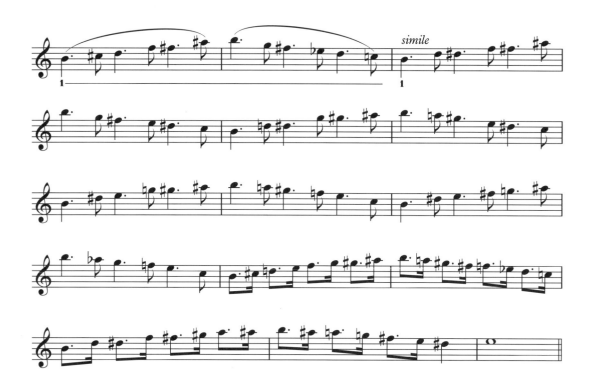

1. まず、全体を譜例のとおり、すべての音を均一に弾きます（次の例を参照）。8分音符へシフトし、付点4分音符へゆっくりシフトします。
2. そして、8分音符をかすかに聴こえるくらいの音で弾きます。
3. 8分音符を省いて弾きますが、やはりシフトし、目的の音へ向かってゆっくりと到達します。

他の指とポジション

他の指、他の弦の様々な音域を使って、オクターヴで上がります。

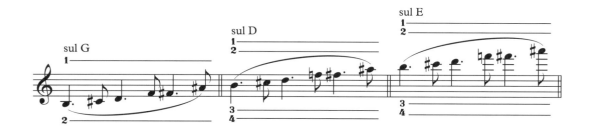

音階とアルペッジョ

- 1の指で弾く時は、手の形をきれいに保つために、4の指を弦の近くに置いておきます。
- 3の指と4の指で弾く時は、1の指を弦の近くに置いておきます。
- スラー無し、スラー有りで練習しましょう。

211【練習 1】

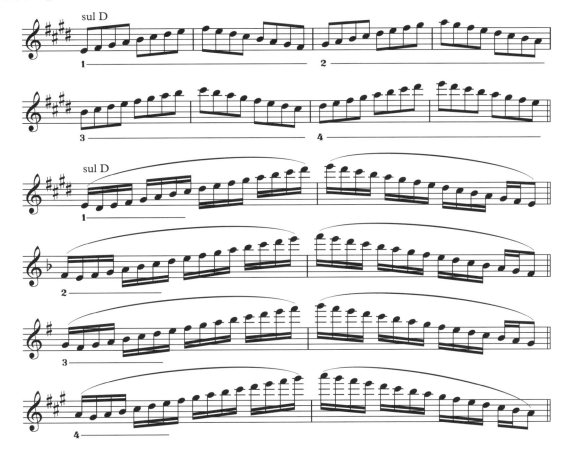

各弦で、第1ポジションから同じパターンを弾きましょう。色々な調性で弾きましょう。

212【練習 2】 1オクターヴだけのアルペッジョを弾く時、[ ]の中の音は省きます。

E シフト（ポジション移動）

ボウイングのヴァリエーション

スラーのほか、速いスピッカートやソティエでも、一つの音を3、4回ずつ弾きます。弓とのタイミングを合わせるためにシフトをとても速く行い、シフトをしていないかのように聴こえなければなりません。

同じアルペッジョを他の指でも弾きましょう。各弦で他の音からも弾きましょう。

213 分散3度、4度など

色々な音と度数で弾くために、調性を変えて練習しましょう。

ボウイングのヴァリエーション

他の指使い

各弦、各指で弾きましょう。

半音

293 の「半音を分割する」も参照。

次の二つの練習では、各小節の前半の2拍を一つのポジションで移弦しながら弾きます。後半の2拍では、前半と同じ音を、ポジションを上げて弾きます。聴いている人が、指使いを変えたことに気づかないように弾きましょう。

- シフトをする時に、指だけでなく手全体を動かします。
- 特にゆっくりから中位のテンポの時、指の「押さえる、離す」をなるべく遅いタイミングで、しかし素早く動かします。
- 書かれているスラーで、またスラー無しでも弾きます。
- テンポ：ゆっくり、中位、速い

214 【練習1】

他のポジション

G線とD線で第2ポジションから、D線とA線で第5ポジションから始めましょう。

E シフト（ポジション移動）

215 【練習 2】

「*simile*」と書かれた小節では、まず上の指使いで弾き、次に下の指使いで繰り返しましょう。

G線とD線で第2ポジションから始めましょう。

216 半音のグリッサンド

《ヴァイオリン協奏曲第2番》ニ短調 第1楽章
ヴィエニャフスキ

半音のグリッサンドは、右腕で行うスタッカートの動きと似ていて、左手が弦上を上がったり下がったりする間に、腕と手がヴィブラートのような動きをするものです。手首は外側に押し出し、指は常に弦をしっかり押さえます。このヴィエニャフスキの例では、始めは手の動きから、しばらくすると腕に役割がとって代わります。半音のグリッサンドは、1音1音がすべて正確に、指を変えて弾く半音階と同じようにはっきりと聴こえなければなりません。

練習方法

まず、パッセージのテンポに相応しいグリッサンドの速さを見つけます。遅すぎると半音の幅が1／4音かそれ以下になってしまい、一番下まで下りきれないうちに途中で終わってしまいます。速すぎて半音の幅が広くなりすぎると、一番下に到着するのが早すぎます。グリッサンドのスピードは均等でなければならず、さもなければ半音の幅がまちまちになってしまいます。

正しい速度を見つけるためには、各音で指をすべらせ（止めずに）、普通のグリッサンドで弾いてみます。4音ごとの始めの音は正しく拍に当てはめますが、止まらずに通り過ぎます。下りのエレベーターが各階に止まらないで過ぎていくのを想像してみてください。この例では、4・1・2・3・4・1と数えます（始めの'4'はド♯、パッセージの2番目の音を意味します）。

すべらせる速度を見つけたら、次はグループに分解してすべらせてみます（まだ全部の半音を弾かずに）。分割したパッセージの最後のグループから、徐々に上へ向かって音を増やしていきます。

今度は分割した最初のグループから始めますが、指を止める各グループの始めの音が正しい音程であることを確認しましょう。

E シフト（ポジション移動）

次は半音を個々にすべて弾きますが、分割したパッセージの最後のグループから始め、上に向かって音を増やしていきます。

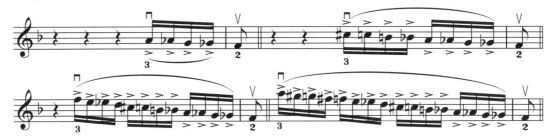

最初のグループから始めます。各拍の始めの音が正しい音程であることを確認しましょう。

以下同様

217 メトロノームを使った練習

- この練習では、ただ指をすべらせるだけではなく、ポジションから次のポジションへ手全体をシフトさせます。シフト中は、指をゆるめ、親指、手首、上腕、首をリラックスさせます。

- ゆっくりな速度では拍より前で動き出すのではなく（ほとんど拍と同時に）、なるべく遅いタイミングでシフトします。

例

色々な指使いと音の度数

他のポジション

次のポジションでも弾きましょう。

218 基本的なシフト

基本的なシフトは'ビギニング・シフト'とも呼ばれ、シフトを始める指で手を動かします。

- **上行形**：低い方の音を弾いている指で、手を上方向へ動かします。次の指はシフトした高い方の音に直接下ろします。
- **下行形**：高い方の音を弾いている指で手を下方向へ動かします。上の指を離す前に、下の指を準備します。
- **両手のタイミング**：スラーの無いシフトでは、弓を返す前に'古い'指でシフトし、次の弓と同時に'新しい'指で弾きます。

1. 始めは、1段目を譜例のとおりに弾きます（次の例を参照）。f の均等に保たれた音で、左手は軽くします。譜例の下側のボウイングは、スラーの無いシフトを両手でタイミング良く弾くために役立ちます。
2. 三連符の真ん中の音をかすかに、装飾音のように弾きます。
3. 最後に、真ん中の音をまったく入れずに、前の音から次の音へシンプルに弾きます。つまり、'音・シフト・音'ではなく、'音・音'となるようにします。

他のポジション

同じ音を異なる弦、異なる音域で弾きましょう。

219 ロマンチックなシフト

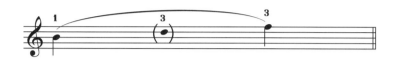

ロマンチックなシフトは'エンド・シフト'とも呼ばれ、手はシフトの終わる指によって動きます。

- ロマンチックなシフトは上行形では使いますが、下行形では決して使いません。低い方の音を弾いた後、弦の表面に次の指を深く押さえずに置きます。その指でシフトします[1]。
- **シフトの速度は、速く→遅く**：目的の音の少し前までシフトし、その音へ向かってゆっくりと到達します。これは、シフトの音の間に他の音を入れて行う練習です[2]。
- **両手のタイミング**：スラーの無いシフトでは、低い方の音を弓で弾いた後、次の指で'新しい'弓を弾きます（低い方の音を弾いた後、新しい弓の始まりと同時に、高い方の指を弦の表面に押さえずに置きます。そして、弓と指を同時に動かします）。

---

[1] 弦の表面で押さえつけずに指をすべらせると、到達する音の少し手前から、指が斜めの角度でシフトすることになります。つまり（1）シフト中のほとんどの時間は弦の上の指を軽く置いておき（2）到達する音の少し手前で徐々に指を弦に深く押さえ始め（3）響きに必要なだけの十分な指の重みで、その音に到達します。目的の音に届くまで指が軽いままでシフトし、その音で垂直に指を押さえるのは良くありませんし、指を重く押さえて目的の音の直前までいき、重いままずり上げるのもいけません。

[2] 148ページの「ゆっくりとした速さでの到達」を参照。

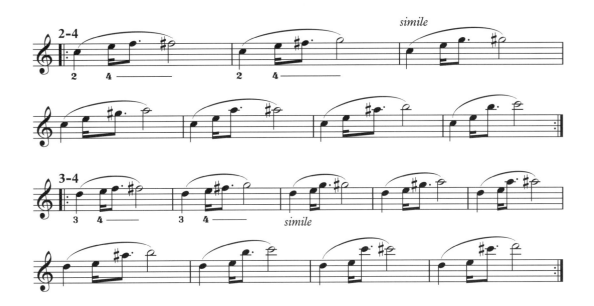

1. 各小節を、次の例のように弾きます。f の均等によく保たれた音で左手を軽くして弾きます。楽譜の下側につけたスラーは、スラー無しでのシフトにおいて両手でタイミング良く弾くために役立つでしょう。
付点8分音符へシフトし、2分音符へはゆっくりと移動します。

2. 1小節ずつ、16分音符をかすかに聴きながら繰り返します。

3. 真ん中の二つの音をかすかに聴きながら、付点のリズムのまま弾きます。

4. 真ん中の音を入れずに、前の音から次の音へシンプルに弾きます。シフトは、目的の音へはゆっくりと到達します。

他のポジション

同じ音を異なる弦、異なる音域で弾きましょう。

E シフト（ポジション移動）

220 コンビネーション・シフト

コンビネーション・シフトは、既に押さえている指でシフトを始め、次の指で終わります。

- 始めの音を弾き終えて指を軽くし、弦上で上方へまたは下方へと動きます。シフトの途中で次の指を弦の表面に軽く置き、目的の音へシフトを続けます。

- 目的の音へのシフトの速さは、ロマンチックなシフトのようにゆっくりでなければなりません。これは、シフトする間に他の音を入れて行う練習です。

1. 各2小節を、次の例のように弾きます。f の均等によく保たれた音で、左手を軽くして弾きます。
2. 始めと終わりの音の間にある三つの音をかすかに聴きながら、付点のリズムのまま弾きます。
3. 真ん中の三つの音を入れずに、前の音から次の音へシンプルに弾きます。グリッサンドはほとんど入れません。

他のポジション

同じ音を異なる弦、異なる音域で弾きましょう。

練習方法

可能ならば、基本的、ロマンチック、コンビネーションの3種類の方法で練習してみましょう。

《ソナタ》ホ短調 op.82 第3楽章
エルガー

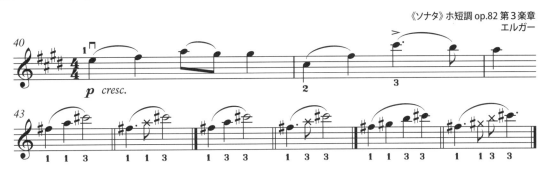

Used by permission of Novello & Co Ltd

《ヴァイオリン協奏曲》ニ長調 第1楽章
チャイコフスキー

E シフト（ポジション移動）

221　置き換えるシフト

指を置き換えるシフトは、シフト中に指を'交換させる'もので、上行形の **2 - 1**、下行形の **1 - 2** などの指使いで使われます。

置き換える指の使い方
170ページの「指の置き換え」を参照。

- 上の音を弾いている指の場所を手のポジションにします。シフトする指が目的の音に到着したら、次の指に置き換えます。

- **両手のタイミング**：スラーの無いシフトでは、'古い'弓の'古い'指でシフトし、'新しい'弓で'新しい'音を弾きます。

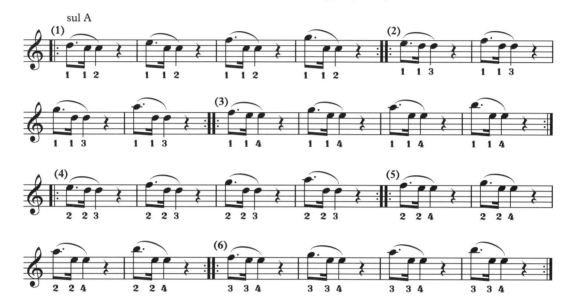

色々な音と度数で弾くために、調性を変えて練習しましょう。

1. 始めに譜例のとおりに通して弾きます（次の例を参照に）。ゆっくりと16分音符へ、重くグリッサンドを入れてシフトします。下側のボウイングはスラーの無いシフトを両手でタイミング良く弾くために役立ちます。

2. 16分音符をかすかに、装飾音のように弾きます。

3. 中間の音を入れずに、前の音から次の音へシンプルに弾きます。

他のポジション
同じ音を異なる弦で音域を変えて弾きましょう。

222 下の音へのシフト[1]

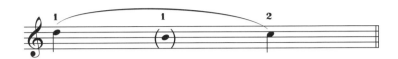

- 上の音を弾いている指の位置に手のポジションを置きます。シフトする指が下の音に届いたら、次の指を新しい音の位置に落とします。
- **両手のタイミング**：スラーの無いボウイングの場合、'古い' 弓の '古い' 指でシフトし、'新しい' 弓で '新しい' 音を弾きます。

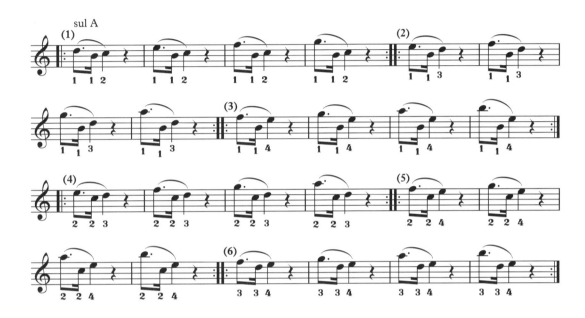

様々な度数を経験するために、次の調性で練習しましょう。

1. 始めに譜例のとおりに弾きます（次の例のように）。16分音符に重いグリッサンドを入れてシフトします。下側のボウイングはスラーの無いシフトを両手でタイミング良く弾くために役立ちます。
2. 16分音符をかすかに、装飾音のように弾きます。
3. 中間の音を弾かずに、シンプルに音から音へ弾きます。

他のポジション

他の弦の様々な音域で弾きましょう。

[1] これらの指を置き換えるシフトは 221 の「置き換えるシフト」に似ています。「下の音へのシフト」もよく使われますが、「指を置き換えるシフト」の方がより頻繁に使われます。この練習は両方のシフトの上達に役立ちます。

E シフト（ポジション移動）

223 両方の指でのシフト

- これらの指を置き換えるシフトは、コンビネーション・シフトと同じように行います。シフトは既に弾いている指で始まり、次の音を弾く指で終わります。
- シフトの始めの音を弾いている時に、手は上方または下方へ動き始めます。シフト中は、指を軽くしたまま次の指に置き換え、ロマンチックなシフトのように続けます。
- 目的の音へはゆっくり到着します。ここでは音を追加して練習します[1]。

---

[1] もちろん実際には、追加されている音は、はっきり明確に弾くものではありません。

置き換えるシフト

1. まず、譜例のとおりに通して弾きます（次の例を参照）。**f**で音を均一に保って弾きますが、左手は軽くします。
2. 中間の三つの音はかすかな音ですが、付点のリズムは正確に弾きます。
3. 中間の三つの音が聴こえないようにグリッサンドをほとんど無くし、シンプルに第1音から次の音へシフトします。第1音を弾いている指でシフトを始め、シフト中は指を軽くし、次の指に置き換えます。

他のポジション

他の弦の様々な音域で弾きましょう。

224 分散和音

　長調と短調で、すべての弦で第1ポジションから弾きましょう。同じように、分散4度、5度、6度でも弾きましょう。

弓のヴァリエーション

重音

　2本の弦で、同じ方法で3度、6度、フィンガード・オクターヴを練習しましょう。次は例です。

メトロノーム練習

♩＝60で始め、♩＝約80まで徐々にテンポを上げます。

- 4分音符、8分音符、16分音符と弾きますが、シフトはなるべく'遅い'タイミングでとても速く、拍と同時にシフトします。

- シフト中は指をゆるめておきます。親指、手首、上腕、首はリラックスしていなくてはなりません。

- 下行形ではシフトの前に親指を先行させます（146ページの「親指の準備」を参照）。

225 【練習 1】

例

色々な指使いと音の度数

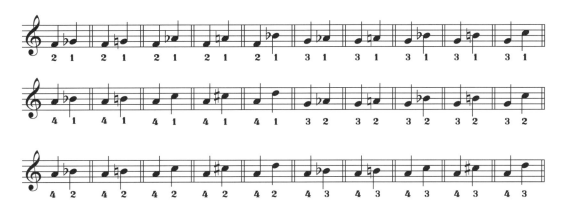

他のポジション

同じパターンを次のポジションでも弾きましょう。

練習方法

シフトを'トリル'のように可能な限り速く弾きます。弓を指板の近くで軽く弾き、左指は弦の上でとても軽くシフトします。

《ヴァイオリン協奏曲》イ長調 K219 第1楽章
モーツァルト

《ヴァイオリン協奏曲》ニ長調 op.77 第2楽章
ブラームス

E シフト（ポジション移動）

226 音階

2本の指で、各弦ともスラー無しとスラー有りで練習しましょう。

同じパターンを、2と3の指、3と4の指を使い、長調と短調（和声的、旋律的短音階）で、始めの音を変えながら弾いてみましょう。

227 抜けてしまう音

119 ページの練習方法も参照。

卓越した速いパッセージにするためには、'抜けてしまう音' が無く、すべての音がはっきりしていなくてはなりません。'抜けてしまう音' ができやすいのは、ポジション移動の前後、移弦や弓の返しの前後です。

この練習では、抜けがちなポジション移動の前後の音を強調して弾きます。基本的な音階の上達に役立ち、曲中のパッセージの良い練習にもなります。

2－1、3－1、4－1 は速いパッセージによく使われる指使いですが、**3－2、4－2、4－3** の練習もテクニックの向上に有効です。

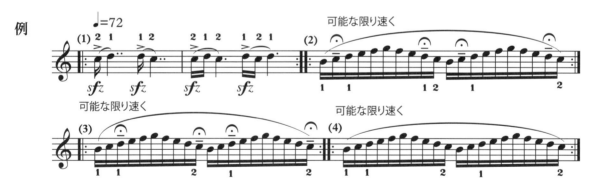

1. 16分音符に力強い sfz を付け、はっきりと可能な限り速く弾きます。
2. シフトの前の音以外のすべての音を可能な限り速く弾きます。シフトの前の音を他の音より長く強めに弾き、少し止まります。上行では次の指を押さえた時、前の指は離さず押さえたままにします。
3. シフトの後の音を他の音よりも長く強めに弾き、止まります。
4. 可能な限り速く、上行、下行と止まらずに何回も弾きます。すべての音が正確に同じ長さ・同じ音量であることを確認しましょう。シフトは聴こえても、不均等であったり、でこぼこしてはいけません。指は弦の上に押さえておきます。譜例のテンポが速すぎる場合は、ゆっくりから始め、徐々にテンポを上げていきましょう。

左手の親指はネックにとても軽く触れます。シフトの時にスクロールが揺れる（ボウイングの妨げになる）場合は、親指や他の指が強く押さえすぎているか、十分にゆるめていないのが原因です。弓は mf か f で弦にしっかりと均等に吸いつけておきます。

調性を変えて練習しましょう。

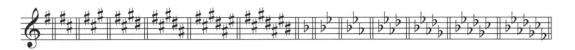

全音または半音のシフト

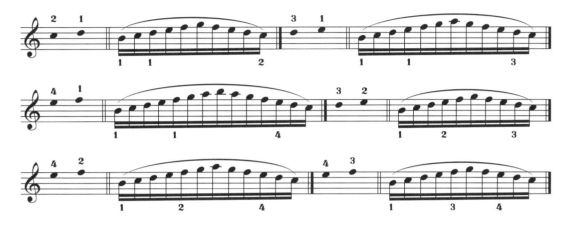

3度のシフト

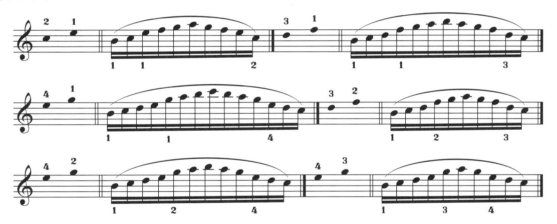

4度のシフト

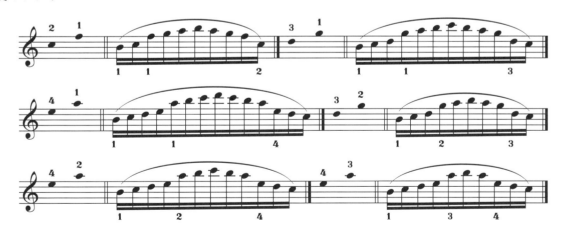

他のポジション

この練習を他のポジションで弾く時には、同じ音を他の弦で弾きましょう。

G線：1オクターヴ下げて、第2ポジションで。
D線：譜例どおりに、第5ポジションで。
E線：1オクターヴ上で、第4ポジションで。

E シフト（ポジション移動）

指の置き換え

162ページの「置き換えるシフト」も参照。

228 【練習1】

- f で弾き、各置き換えの前に弓を軽くせず、よく吸いつけておきます。
- シフトの音ができるだけ聴こえないように、指を動かします。
- 下の音の指は弦の上に置いておき、シフト中に離さないようにします（シフトの間、押さえている指は軽くしておきます）。

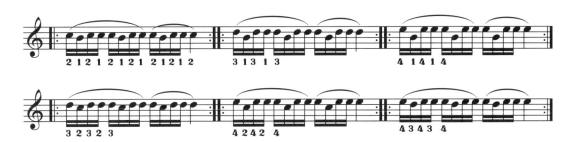

他のポジション

同じ音を様々な弦と音域で弾きましょう。

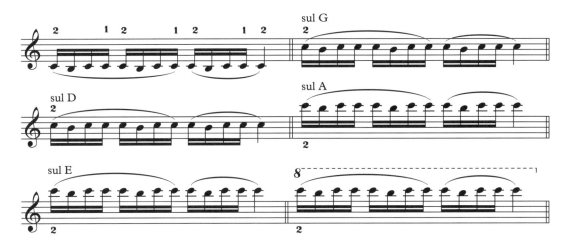

次の調性で練習しましょう。

229 【練習2】

- f で弾き、各置き換えの前に弓を軽くせず、よく吸いつけておきます。
- シフトの音ができるだけ聴こえないように、指を動かします。
- この例を使って可能な限り高いポジションまで上げます。

- 前の譜例では1小節一弓のスラーで弾きましたが、ここでは一つの音を3回、4回ずつスピッカートまたはソティエで弾きます。シフトは弓とのタイミングが合うよう素早く行い、シフト無しで（同じ指で）弾いているように聴こえなければなりません。

同じパターンを他の弦でも弾きましょう。

230 【練習3】

- 譜例のように、各パターンとも1本の弦でポジションを上に上がっていきます。可能な限り高いポジションまで弾きます。
- 下の音の指は、常に弦の上に置いておきます。

例

パターン

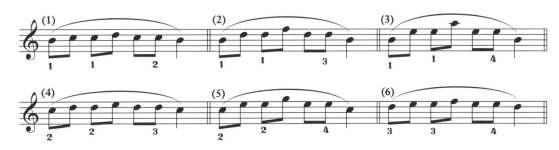

前の譜例では1小節一弓のスラーで弾きましたが、ここでは一つの音を3回、4回ずつスピッカートまたはソティエで弾きます（229参照）。

次の調性でも弾きましょう。

同じパターンを他の弦でも弾きましょう。

E シフト（ポジション移動）

231 【練習 4】

- スラー無し、4音のスラー、8音のスラーで弾きましょう。
- 上の指の音を弾いている時、下の音の指は弦の上に置いておきます。

次の調性でも弾きましょう。

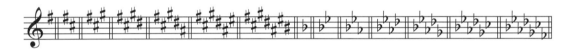

同じパターンを他の弦でも弾きましょう。

232 【練習 5】

- スラー無し、4音のスラー、8音のスラーで弾きましょう。
- 上の指の音を弾いている時、下の音の指は弦の上に置いておきます。
- **上行形**：各グループを弾き始める時（例えば1小節目の5番目の音）、完全なシフトをせず、指を下に向かって伸ばし、手がそれについていくようにします。
- **下行形**：指を上に向かって伸ばし（例えば2小節目の5番目の音）、手がそれについていきます。

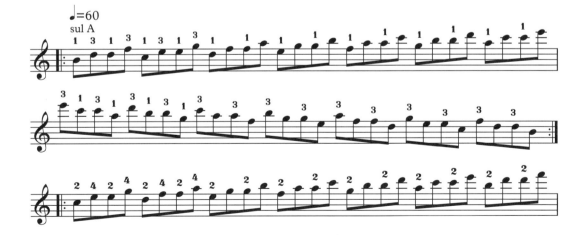

次の調性でも弾きましょう。

同じパターンを他の弦でも弾きましょう。

オクターヴと10度

オクターヴ

233 【練習1】

- ♪＝約40でゆっくり弾きます。すべてのシフトにおいて音を事前に想像して'聴く'ことが大切です。
- 始めはスラーで、次にスラー無しで弾きましょう。
- 上の音へ行く時、弓を駒に近づけてクレッシェンドします。弓の返しの時は音をよく保持しておきます。
- 譜例は第4ポジションまでですが、もっと高いポジションまで続けましょう。

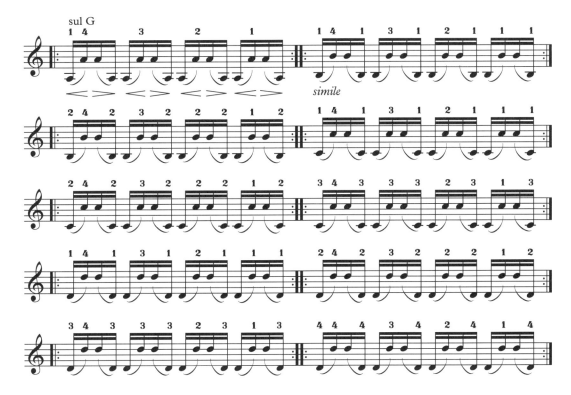

E シフト（ポジション移動）

- 次のように、同じ音と指で、鋭いアタック（アクセント）を付けて弾きます。各音にきっぱりとしたアクセントを付けますが、弦に指を強く打ちつけて次の音を確かめてはいけません。
- 1音を4回または8回ずつ弾きましょう。弓のストロークが速くなると、指が次の弓に間に合うように、シフトも速くしなければなりません。機械のように規則的に、シフトの音が聴こえないように、あたかもパッセージを2本の弦にまたがって一つのポジションで弾いているかのように聴こえなければなりません。

各弦でも弾きましょう。

234 【練習2】

- 各段の始めの3小節はグリッサンドを付けてゆっくりシフトします。低い方のポジションと高い方のポジションの手の感覚を覚えておきましょう。4小節目では、単純に二つの音をグリッサンド無しに繋げ、'音‐シフト‐音'ではなく、'音‐音'となるように弾きます。
- 上の音へ行く時、弓を駒に近づけてクレッシェンドします。弓の返しの時は音をよく保持しておきます。

各弦でも弾きましょう。

235 【練習3】

234 と同じように弾きます。
- 1小節目では、シフトをしないで3の指をシ♭へ伸ばします。
- 2小節目では、シフトをしないで3の指をミ♭へ伸ばします。

各弦でも弾きましょう。

10 度

236 【練習 1】

- 始めはスラーで、次にスラー無しで弾きましょう。
- ♪＝約40のゆっくりな速さで弾きます。
- 上の音へ行く時、弓を駒に近づけてクレッシェンドします。弓の返しの時は音をよく保持しておきます。

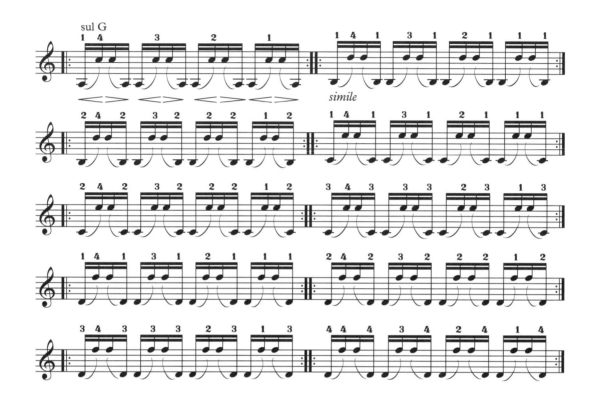

同じ音、同じ指で、鋭いアタック（アクセント）を付けて弾き、233のように一つの音を4回または8回ずつ、速いストロークで弾きます。

各弦でも弾きましょう。

237 【練習2】

234 と同じように弾きます。

各弦でも弾きましょう。

238 反復進行によるすべてのシフト

各グループの1小節目は1オクターヴ上まで続け、2小節目で下りてきます。

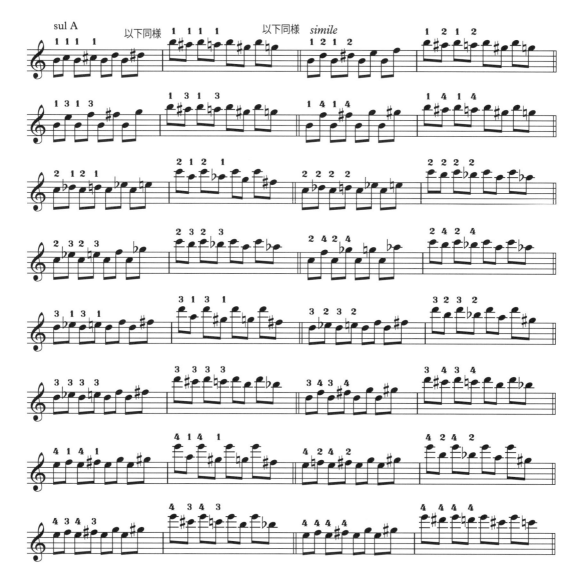

他の弦

次のように他の弦でも繰り返しましょう。

ボウイング

次のボウイングで弾きます。

1小節を一弓、二弓、スラー無しで弾きましょう。

重音

　1と3の指の場合、3の指にやや重心を感じ、あとから1の指を下へ伸ばします。そうしないと3の指を上に伸ばすことになってしまいます[1]。

239 【練習 1】

例

色々な指使いと音の度数

色々な全音、半音で練習するために、異なる調性で弾きましょう。

他のポジション

　次のポジションでも弾きましょう。

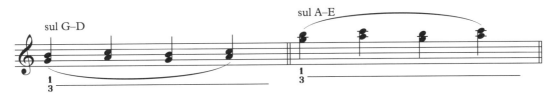

---

[1] 102 ページの「3度の手の形」を参照。

E シフト（ポジション移動）

240 【練習2】

1. まず、譜例どおりに通して弾きます（次の例を参照）。f で均等に音を保ち、左手は軽くしておきます。下側のボウイングは、スラーの無い時に正しいタイミングで弾くためのものです。
2. 16分音符を'かすかな音'で弾きます。
3. 16分音符を弾かずに（あたかもシフトが存在しないかのように）、重音を繋がり良く弾きます。

色々な全音、半音で練習するために、異なる調性で弾きましょう。

241 【練習3】 225 も参照のこと。

例

色々な指使いと音の度数

色々な全音、半音で練習するために、異なる調性で弾きましょう。

他のポジション

次のポジションでも弾きましょう。

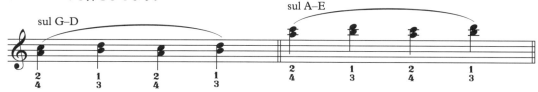

242 【練習 4】

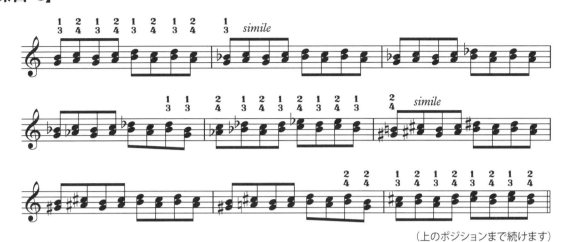

（上のポジションまで続けます）

ボウイング

次のボウイングで弾きます。

1小節を、一つまたは二つの弓で、スラー無しでも弾きましょう。

リズム・ヴァリエーション

2音のリズム・パターンをパッセージの第1音から弾き始め、次に第2音から弾き始めます。3音のリズム・パターンを第1音から弾き始め、次に第2音から、第3音からと続けます。4音のリズム・パターンを第1音から弾き始め、次に第2音から、第3音から、第4音からと続けます。

243 【練習 5】

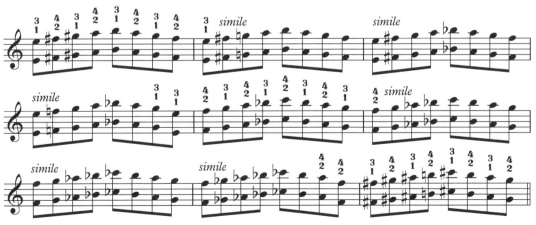

（上のポジションまで続けます）

242 と同じボウイングとリズムで弾きましょう。

E シフト（ポジション移動）

244 【練習6】

4の指にやや手の重心を感じ、1の指を下方へ伸ばします。手を付け根の関節から開き、特に1の指と2の指の付け根を広く開くようにします。

（上のポジションまで続けます）

242 と同じボウイングとリズムで弾きましょう。

245 【練習7】

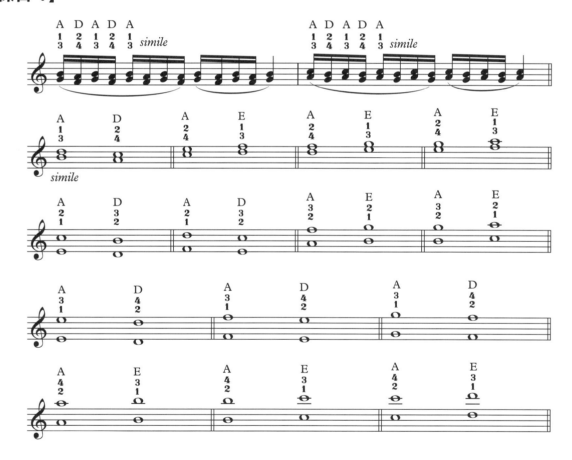

色々な全音、半音で練習するために、異なる調性で弾きましょう。

242 と同じボウイングとリズムで弾きましょう。

246 【練習 8】

f で弦に弓を深く沈め、音を保持します。左手の指は軽くしておきます。

通して弾くほか、メトロノームを使い、次のように繰り返す練習もしてください。

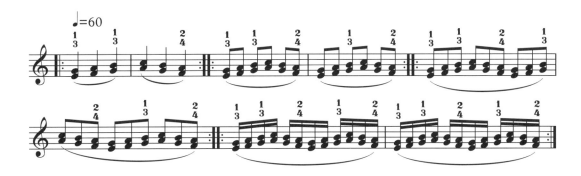

242 と同じボウイングとリズムで弾きましょう。

E シフト（ポジション移動）

247 【練習9】

1. 譜例どおりに通して（次の例を参照）、左手を軽く、f で音を均等に保って弾きます。タイで結ばれている音へ向かってスムーズに回転運動を行います。下側のボウイングは、スラーの無い時に正しいタイミングで移弦をするためのものです。

2. 8分音符を'かすかな音'で弾きます。

3. 8分音符を弾かずに（移弦が存在しないかのように）、重音を繋がり良く弾きます。

色々な全音、半音で練習するために、異なる調性で弾きましょう。

音程
Intonation
Intonation

Part F

248 共鳴による振動

　指で押さえた「ソ」「レ」「ラ」「ミ」の音を良い音程で弾くと、開放弦が共鳴して振動し、ヴァイオリンの音は開放的になり、より響きます。このように、良い音程は音をつくるための重要な要素です。

　開放弦と同じ高さの音を指で押さえて弾くと、「高い方」の開放弦は弦全体が振動し、「低い方」の開放弦はいくつかの部分に分割されて振動します。D線の3の指のソの音は、開放弦のG線を二分割して振動させます（視覚的にも確認できます）。A線の3の指レの音は開放弦のG線を三分割し、E線の2の指のソの音は開放弦のG線を四分割して振動させます。

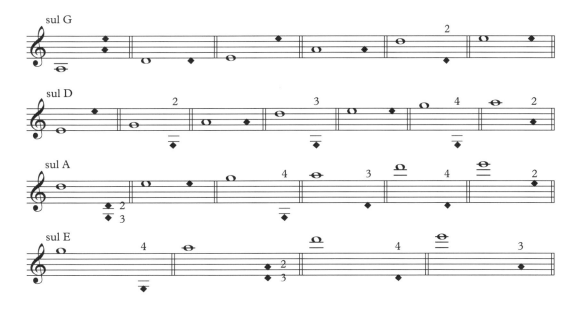

　◆で記した音は、指で押さえた音に対する共鳴によって振動する開放弦を示し、数字は、弦がいくつの部分に分割されるかを示しています。

- G線の1の指のラの音を、ヴィブラート無しで弾きます。指をほんの少し揺らして、開放弦のA線が一番幅広く振動するところを探します。
- 音の響きの「硬さ」が増えたり減ったりするのを聴きましょう。指が本当に音程のど真ん中を押さえた時は音が開放的で「柔らかな響き」になり、開放弦のA線が一番よく振動します。1の指がわずかに高すぎたり低すぎたりしても、音はきつく「硬い響き」になり、開放弦のA線の振動は少なくなります。
- 楽器や弦の種類、調整によっては、低い方の開放弦の振動を目で見ることが難しい場合があります。しかし、音程が合っていない音の「硬さ」は明らかに分かります。

F 音程

手と指の感触

弓の竿、毛、弦がしなる時の右手の感覚と同じように、左手は楽器のネックで感じます。各指が互いの関係を感じ、上駒と楽器の肩との距離、ネックの太さ、楽器とネックの接合部分などを感じることによって、左手がどこにいるのかを測ることができます。

249 手の位置の記憶

1. 正しい音程で音を弾き、「手と指のポジションを指で覚え」ながら、しばらく指を弦の上に置きます。
2. 音の名前とポジションを言ってみましょう。譜例の最後の小節では、'第4ポジション、4の指、レ'‐'第5ポジション、3の指、レ'‐'第6ポジション、2の指、レ'‐'第7ポジション、1の指、レ' と自分自身に言います。
3. 譜例の「⫽」の時は、左手を楽器から離し、横に下ろすか手のひらを外側に向けるように、手を反時計回りにねじります（**写真48**）。
4. 手を楽器に戻し、音程を確かめたり調節したりせずに、次の音を正しい音程で弾きます。事前にその音を心の中で'聴く'ようにし、指や弦を見てはいけません。音の場所を「感じる」ようにします。
5. 何回か、同じ音、同じ指で、弾いたり離したりを繰り返します。

各弦で高いポジションまで続けます。各音をすべての指で、色々な順番で行います。

写真48

このポジションから、正しい音程の場所をすぐに見つけます

250 指と指との音程間隔

正しい音程を取るためには、耳だけでなく、指同士の距離でも判断します。隣り合った指でない時は、抜かした指の存在を想像しなければなりません。例えば、A線の1の指から3の指（シからレ）へと弾く時、1の指から3の指へ距離を測ると同時に2の指のド（またはド♯）の存在を感じ、3の指を「想像上の2の指」から測ります（これがいかに重要であるかを示す方法として、A線の1の指でシを押さえ、2の指を楽器のネックの横に下ろして指先が手のひらに触るようにしたまま、3の指をA線のレに正しく置いてみます。2の指の助け無しに距離を測ることとの違いを確認しましょう）。

これが、使っていない指も弦の近くに置いておかなければならない理由の一つであり、指の距離を正しく測るための有益な方法です。

上行形

下行形

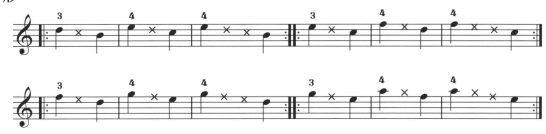

各小節を次のように弾きます。

1. ×音を普通の4分音符のように、他の音と同等に弾きます（次の例）。各小節またはグループを数回繰り返し、指同士の関係を感じながら各指の感覚を覚えます。
2. 始めの4分音符を弾き、弓を弦から離します。音を出さないで、弦の上に静かに×音の指を置きます。小節の最後の4分音符を弾きます。各指の関係を感じましょう。
3. 弦の上に×音の指を置きません。1音目を弾いている時に×音の音程を想像し、弦の上での感覚を蘇らせます。想像上の×音の隣に、2番目の4分音符の指を置きます。

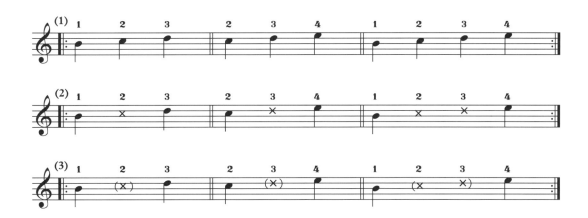

色々な全音、半音で練習するために、異なる調性で弾きましょう。

他のポジション

同じ音を他の音域で弾きましょう。

F 音程

251 中間音

中間音を使うことは、休符の後やシフトのテクニックとして、正しい手のポジションや音を見つけるための安全な方法です[1]。次の二つの例では、符尾の無い音は弓で弾かずに指だけを弦の上に置きます。

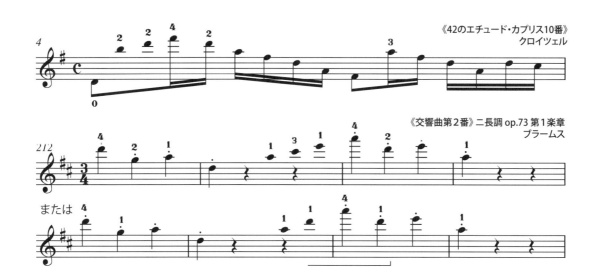

ここでは、各音の様々な音程の取り方を練習します。実際の演奏には使われないものもありますが、この練習によって指板上での指の感覚の能力を高めることができます。あなた自身の方法も探してみてください。

1. 中間音を全部均等に弾きます（次の譜例）。
2. 一つめの中間音は音を出さずに指を置き（×音）、他の音を全部弾きます。
3. 二番目の中間音も音を出さずに指を置き、他の音を全部弾きます。
4. 始めの三つの中間音に指を静かに置き、四番目の音だけを弾きます。
5. すべての中間音の指を無音で置きながら'最終目的の音'に到達し、その音だけを弾きます。

6. 中間音を'ひとかたまり'にして、無音で弦の上に指を置きます（1本の弦の上で重音を弾いているかのように）。目的の音だけ弾きます。
7. 0,5秒ほどの素早さで指の'かたまり'を無音で置き、一つの動作で目的の音へ到達するようにします。

時間を節約するためには、次の譜例の1、6、7小節だけを練習します。

各弦で弾きます。より多くの可能性を試すために、目的音に♯や♭を付けて練習してみましょう。

注意：効率よく練習するために、170ページの「指の置き換え」の練習に中間音を加え、活用しましょう。

---

[1] 当然、この目的は、シンプルに指板上のどこでも正しい音程の場所に指を置けるようにすることです。奏者によっては中間音の助けを借りずにポジションを見つけることができる人もいます。また突然、高い音を取らなければならない場合には準備をしている時間がありません。中間音を練習することによって、中間音を省いて直接その音に到達する時の確実性も、より高めることになります。

第2ポジションで

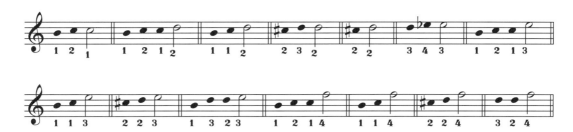

第3ポジションで

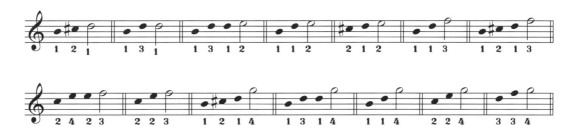

第4ポジションで

第5ポジションで

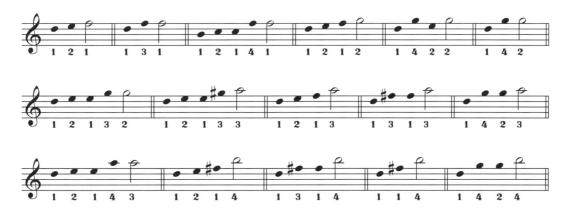

F 音程

第6ポジションで

第7ポジションで

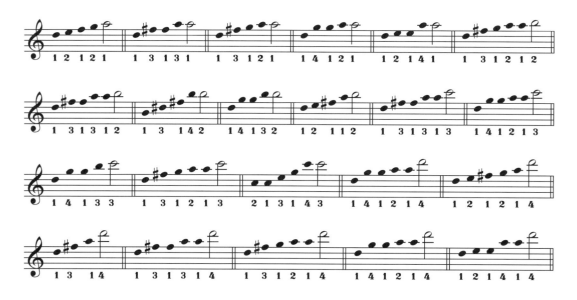

第8ポジションで

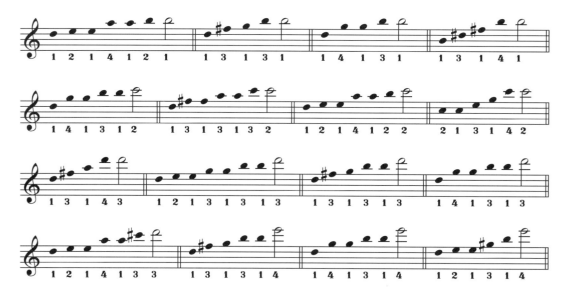

音程の規則

'正しい音程で弾く'ということは、音程に対する絶対的な構築性を持っているということです。「音程の規則」の練習は正しい音程を得るための効果的かつ効率的な方法なので、同じ音を異なる指や音域で弾く時でも常に同じピッチで弾くことができるようになります。

テクニックの上達や、ウォーミング・アップの時間節約のためにも、優れた練習です。

ブルッフの譜例の冒頭では、ソ、レ、ラは開放弦と同じ音程でなければなりません。ファ♯は高めに、ソに近い音程で弾かなければいけません。シ♭をすべて低めに(シ♭に対してラを'導音'として)弾くと、ト短調の暗いキャラクターをつくります。

《ヴァイオリン協奏曲》ト短調 op.26 第1楽章
ブルッフ

次のようなパッセージでは、ミ、ド♯、ラはすべて同じ音程で、ミからラに下がる時は正しい完全5度、ラからミに下りる時は正しい完全4度、そしてド♯からラに下りる時は長3度と、いつも同じ幅でなければなりません。ド♯は高めに取ると(レに対しての導音のように)、イ長調に明るい響きを与えます。

《ヴァイオリン協奏曲》ニ長調 op.61 第1楽章
ベートーヴェン

これらの練習では常に、次のように他の音と比較し、音程が正確かどうかを確かめてください[1]。

ソ	Gの開放弦から探す	ド♭	シ♭から探す
ド♯	レから探す	ミ	Eの開放弦から探す
ラ♭	ソから探す	ラ♯	シから探す
レ	Dの開放弦から探す	ファ	ミから探す
ソ♯	ラから探す	シ	ドから探す
ミ♭	レから探す	ソ♭	ファから探す
ラ	Aの開放弦から探す	ド	ソからの完全4度または完全5度
ファ♭	ミ♭から探す	ミ♯	ファ♯から探す
シ♭	ラから探す	レ♭	ドから探す
レ♯	ミから探す	ファ♯	ソから探す

もし、各音の正しい位置と、周辺の音との関係をはっきりとイメージできれば、どの音域でも同じ音は完全に同じ音程で弾くことが可能です。

---

[1] ♯や♭の音程の取り方は調性、様式、また音楽の性格によって異なります。例えば、シ♭を変ロ長調の主音として弾く場合は、ト短調の第三音として弾く場合より高くなります。また、音程は単音か重音かによっても異なり、他の楽器が何の音を弾いているかによっても異なります。

F 音程

練習方法

《42のエチュード・カプリス第10番》
クロイツェル

ファ♯を *f* で弾いて音程を確認します。×音は *ppp* で弾きます。

252 【練習1】

- 各弦のすべての可能な音域でシの音を弾き、次にド、ド♯、レと続けます。指使いは何でもかまいません。

- 191ページの説明を使って、常に音程を確かめます。例えば、ラは開放弦のラと確かめ、ファ♯の場合は、D線3の指のソの隣りにある2の指のファ♯を基本に合わせます。

例

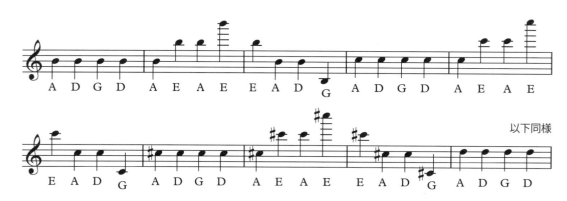

以下同様

253 【練習2】

各小節を高いポジションまで続けましょう。次ページの「例」は、2小節目を示しています。

- 第2音と第4音は同じ音程でなければなりません。

- スラー無しで、まるでシフトしていないかのように弾きましょう。スラーを付けても弾いてみましょう。

例（2小節目の例）

色々な全音、半音で練習するために、異なる調性で弾きましょう。

同じパターンを他の弦で、第1ポジションから始め、高いポジションまで練習しましょう。

254 【練習 3】

- 色々な音で可能な限り高いポジションまで練習しましょう。
- 191ページの説明を使って、常に各音を他の音と合わせて確認しましょう。

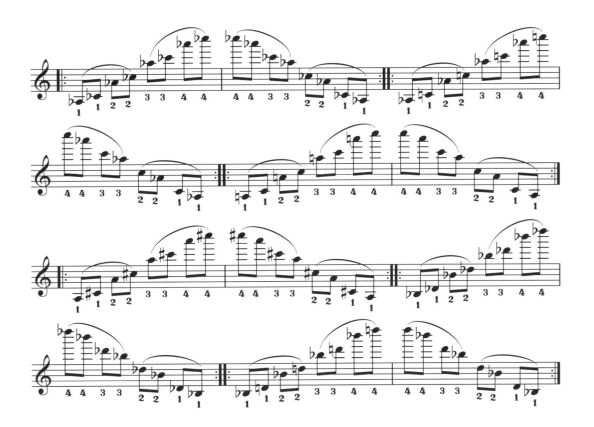

F 音程

255 指使いのパターン

いま、あなたが練習している曲の調性と近親調で練習しましょう[1]。毎日の習慣として、曲を弾く前にこの練習をすれば、音程の問題は起きなくなるでしょう。

- どこのポジションで弾いても、各小節の音程が同じでなければなりません。
- この練習の目的は止まらずに通して弾くことではありません。むしろ、正しい音程を見つけるために、一つの小節を何回も繰り返して練習することが大切です。ゆっくり、弓はスラー無し・有りの両方で弾き、各グループの指の位置を記憶するようにします。
- 始めにヴィブラート無しで、次にヴィブラートをかけて弾きます。
- 色々な全音、半音で練習するために、異なる調性で弾きましょう。

[1] 協奏曲や技巧的な小品などで、高いポジションを弾かなければならない時は、この練習を一番高いところまですべてのポジションで行ってください。もし、低いポジションしか使わない曲を弾く場合は、曲の中で必要なポジションだけを練習します。例えばバッハを弾いているのであれば、G線の高いポジションを練習する意味はあまりありません。

256 長3度と短3度

- 各度数を同じ音程にしましょう。191ページの説明を使って、各音を確認しましょう。
- この練習の目的は、止まらずに続けて弾くことではありません。むしろ、正しい音程を見つけるために、一つの小節を何回か繰り返して練習し、正しい音程を探す間に手と指の位置の感覚を学習することが大切です。
- 始めにヴィブラート無しで、次にヴィブラートをかけて弾きます。
- テンポ：ゆっくり、中位、速く

ボウイング

始めにスラー無しで、マルトレ、各音の間に間隔を開け、そしてスラーで弾きます。

色々な調性で弾きましょう。

音程の規則 197

低いポジション

高いポジション

F 音程

257 音階を正しい音程で弾くために

この練習方法は、完全音程（完全4度、完全5度、完全8度）を使って音階を音程良く弾く、パブロ・カザルスのメソードに基づいたものです。今日ではドロシー・ディレイも同じ方法で音階を教えています。

長、短、増、減の音程の取り方は、ある程度、個人の好みや音楽の性格によっても異なります。例えば、ある奏者は広い（明るめの）長3度、狭めの（暗い）短3度を好みます。しかし、完全音程の4度、5度、オクターヴは、音程が合っているか否かであり、好みによって変えられるものではありません。

ですから、音階で始めに音程を合わせるべき音は完全音程の1度、4度、5度で、次に加えられるのは第3音と第7音です。第3音は第4音に向かって解決したい音であり、第7音はオクターヴ（第8音）に向かって解決したい音なので、高めに音程を取ります。

そして、第2音を第1音と第3音の間に、第6音を第5音と第7音の間に置きます。第3音と第7音が高めに取られている時は第2音と第6音も高めに、第3音と第7音が低めに取られている時は第2音と第6音も低めに取らなければなりません。

練習方法

まず、個々の音程を合わせます。

1. 完全音程から始めます。主音に4度、5度、オクターヴ（第8音）を合わせます（この調性では、これらのすべての音を開放弦に合わせます）。

その他の方法

第4音、第5音、第8音のみを弾き、×音は無音で指を置くだけにします。

2. 第3音、第7音を加え、それぞれ第4音、第8音に導かれているのを感じましょう。

3. 残っている第2音、第6音を加えます。第2音は第1音と第3音の間に、第6音は第5音と第7音の間に置きます。もし、第3音、第7音の導く音を高く取りたい場合は、第2音、第6音も高く取らなければなりません。

その他の音の順番

1. 1、4、5、8。
2. 1、4、3‐5、8、7：この順番では、第4音から第3音を、第8音から第7音を取りやすくなります。
3. 1、4、3、2、1‐5、8、7、6、5：この方法では、第2音を第1音と第3の間に、第6音を第5音と第7音の間に、置きやすくなります。
4. 通常の順番で音階を弾いてみましょう。

臨時記号と♮の関係

- これらの「表情豊かな音程」の練習では[1]、すべての半音を♮の音に近く、狭く取ります。♭の音は下の♮の音に近く、♯の音は上の♮の音に向かって狭く取ります。♯は上に導かれ、♭は下に導かれることを感じましょう。
- 始めはヴィブラート無しで、次にヴィブラートをかけて練習しましょう。

 【練習 1】

次のパターンを一つずつ、指板上の可能な音域すべてのオクターヴで弾きます。★印の小節の練習方法は、次の「★印の例」に書かれています。

次の例のように、四つの音のグループを4本の指で弾きます（可能な音域すべて）。始めは1の指から、次に2の指、3の指、4の指からと続けます。

★印の例

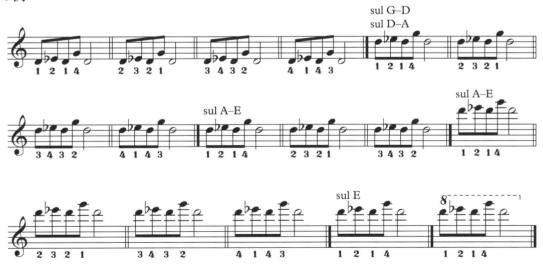

---

[1] 「表現豊かな音程」とは、偉大なチェリストであるパブロ・カザルスに関連したもので、パッセージの音楽的表現を高めるために、♯は高め、♭は低めに取ることを指します。個人的な好みの一端であり、人によってはより高めの♯やより低めの♭を好むこともあります。

F 音程

259 【練習 2】

★印の小節の練習方法は、次の「★印の例」に書かれています。

次の例のように、四つの音のグループを4本の指で弾きます（可能な音域すべて）。始めは1の指から、そして、2の指、3の指、4の指からと続けます。

★印の例

260 【練習 3】

- 次のパターンを一つずつ、「例」のように異なるポジション、様々な指使いで弾きましょう。
- 常にすべてのソ、レ、ラ、ミを開放弦に合わせて音程を確認しましょう。ド♮を開放弦のG線の完全4度上か、D線の3の指のソの完全5度下に取ります。

例

261 広い半音と狭い半音

半音の基本的なルールとして、ド - ド♯、レ - レ♯のように音の名前が同じ場合は広い半音で、ミ - ファ、ド♯ - レのように名前が異なる場合は狭い半音で演奏します。

この例では、∨は狭い半音を、└─┘は広い半音を示しています。

《ヴァイオリン協奏曲》ニ長調 第3楽章
チャイコフスキー

F 音程

各小節に含まれる異名同音は、鍵盤楽器では同じ音として同じ鍵盤を弾きます[1]。この練習では音程を、♯の音から上の♮の音を狭く、♭の音から下の♮の音をできるだけ狭く取りましょう。♯の音は上の♮の音へ'上へ導かれる'ように、♭の音は下の♮の音へ'下へ導かれる'ように弾きます。ラ-ラ♯（指使い 1-1）は、ラ-シ♭（指使い 1-2）よりもずっと広いということを感じましょう。

- 各2小節のグループを3通りの指使いで弾きましょう。1の指から、2の指から、3の指からと始めます。可能な音域では開放弦からも始めます。
- 各2小節を異なる音域の同じ音で弾きます。次の譜例 (1) の練習方法は「例」を参照してください。
- 始めはヴィブラート無しで、次にヴィブラートをかけて練習しましょう。

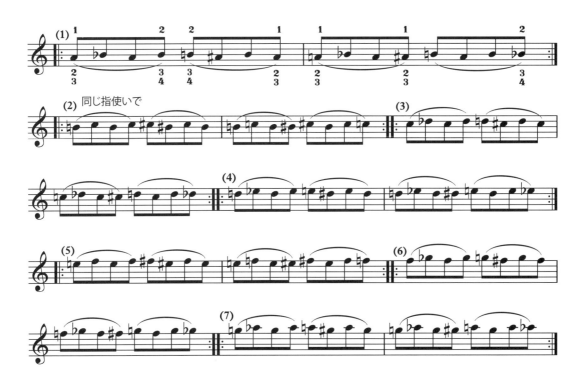

例

---

[1] ラ♯-シ♭、レ♯-ミ♭、ソ♯-ラ♭、ミ♯-ファのような音は「異名同音」として知られています。ピアノでは、鍵盤の位置や音程は同じです。しかし、弦楽器やトロンボーンなどでは、和声や調性の持っている音の色調に影響され、音程は細やかに異なります。記譜法が完全に確立されたことによって、「異名同音」が生まれたのです（レオポルド・アウアー『Graded Course of Violin Playing, Volume 2』(New York,1926),1.）。

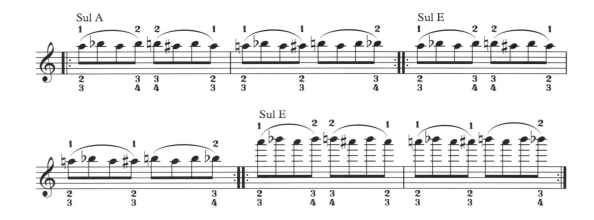

重音の合わせ方

　二つの音を一緒に弾くと、3番目の別の音も聴こえます。それは、異なる二つの音の振動数の差と同じ振動数を持つ低い音です。特に高い音域の重音では3番目の音をはっきりと聴くことができますが、音程の合ったオクターヴでは聴くことができません。なぜなら、オクターヴの低い方の音が3番目の音と同じ音だからです（例えば1秒間に440回の振動数を持つラ＝440Hzの場合、1オクターヴ上のラは880Hzで、その差が440Hzとなるため）。

　完全音程（4度、5度）では、この3番目の音の音程が合わない限り正しい音程にはなりません。長・短音程では3番目の音が合っている必要はありません。音程がどの程度広いか狭いかは、ある程度、個人の好みによって変わり（この3番目の音の音程を良くするための3度、6度の音程を合わせる練習は勉強になるともいえますが）、実際の演奏では3番目の音の音程が合うと長・短音程が合わなくなるので、3番目の音は無視しなければなりません。

　ブラームスの譜例の冒頭では、レは開放弦のレと合わせるので、3番目の音を正しい音程にするためにはファ♯をやや低めに弾かなければなりません[1]。これによって長3度は'正しい音程'になりますが、聴いている人の耳は高い方の音をメロディとして捕らえるので、ファ♯は低すぎるように聴こえます。ファ♯を高めに取ればパッセージは音程良く聴こえますが、3番目の音ははずれた音程になります。3小節目では、一番上のシはレに合わせると低すぎ、高めに取るとレに合わなくなります。

《ヴァイオリン協奏曲》ニ長調 op.77 第3楽章
ブラームス

　ハイドンの譜例の冒頭では、ド（1小節目の第2音）を開放弦のミに合わせると高すぎます。シ（3小節目の第2音）は開放弦のレに合わせると低すぎ、ファ（第3小節目、第3音）はレに合わせると高すぎる音程に聴こえます。

《ヴァイオリン協奏曲第1番》ハ長調 Hob.Ⅶ-Ⅰ
ハイドン

---

[1] 3度や6度の正しい音程は、'固定されている''動かせる'のどちらもあります。ほとんどのソ、レ、ラ、ミの音は開放弦と合っていなければなりませんので、'固定されている'音程です。他のすべての音は'動かせる'音程ですが、その音がメロディやハーモニーのどこにあるかによって固定される場合もあります。
　3度、6度の3番目の音を正しい音程で弾くためには、固定された音が二つの音の下にくる場合は上の音を低めに、固定された音が上にくる場合は下の音を高めに取ります。

F 音程

全音と半音の組み合わせ

262 単音

　色々な全音、半音の組み合わせ（半音 - 全音 - 全音、全音 - 半音 - 全音、全音 - 全音 - 半音など）は、一連の指使い、**12**、**13**、**14**；**23**、**24**；**34**；**43**、**42**、**41**；**32**、**31**；**21** で弾きます。

　一連の指使いでオクターヴよりもっと上まで、半音ずつ上げていきます。

- 各グループを半音ずつ高くしながら、できる限り高いポジションまで弾きます。
- 常にソ、レ、ラ、ミの音を開放弦と合わせ、次に第1ポジションで弾き、音程が正しいかどうかを確認します。
- 1の指は弦の上に軽く置いたままにしておき、他の指もできるだけ弦の上に置きます。
- 指を上げる時も、弦の上にいた時と同じ形に保ちます。指は付け根の関節から上げます。
- 各弦で弾きましょう。

例：下のパターン (1) の2小節（★）を、すべて記載しています。

簡単な練習

　各グループの1小節か2小節だけを、低い、中位、高いポジションで弾くか、次の例を通して弾きます。

すべての全音 - 半音のパターン

　前述のように、A線ですべての小節を **1** - **2** - **3** - **4** の指使いで弾きます。

各弦で弾きましょう。

F 音程

重音[1]

各練習は半音ずつ上がっていきます。可能な限り高いポジションまで続けましょう。

263 【練習1：半音 - 全音 - 全音】

264 【練習2：全音 - 半音 - 全音】

---

[1] 203ページの「重音の合わせ方」を参照。

265 【練習 3:全音 ‐ 全音 ‐ 半音】

266 【練習 4:半音 ‐ 全音 ‐ 半音】

267 【練習5：全音 - 全音 - 全音】

268 3 度

一段の譜例にすべての3度の全音、半音の可能性が含まれています。

半音ずつ上がっていきます。可能な限り高いポジションまで続けましょう。

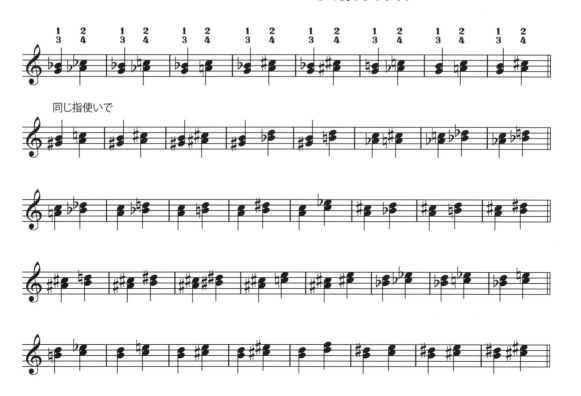

練習方法

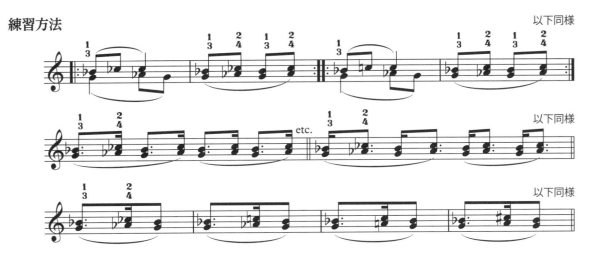

G線とD線、A線とE線でも弾きましょう。

同一弦上での反復練習

- 1の指をずっと押さえたままにします。手を一つのポジションに置き、各指の動きにつられないようにします。すべての指を弦からあまり離れないようにし、弦にすぐ下ろせるように保ちます。
- 指の「押さえる、離す」をできるだけ遅いタイミングで行います[1]。指が弦に触れる時や離れる時に'ピシッ'という音を聴きましょう。
- 高い音の指を離す前に、低い音の指を弦に軽く置きます。そして、弾いている方の指をできるだけ遅いタイミングで素早く上げます[2]。

269 半音の反復進行

1の指をずっと押さえておきます。

---

[1] 119ページの「指の速い動き」を参照。
[2] 130ページの「指の準備」を参照。

F 音程

他の弦で

270 和声的反復進行

1の指をずっと押さえておきます。

（**1 3 2 4 3** の指使いでずっと弾きます）

ゆっくりと

他の弦で

完全4度

完全音程を弾くことは、音程を聴く良い練習になります。なぜなら、他の音程と異なり、好みや前後関係によって広かったり狭かったりせず、合っているか合っていないかのどちらかしかないからです。

- 2本の弦の組み合わせで、同じパターンをできる限り高いところまで続けましょう。
- いつも2本の指を同時に置きます。バラバラに置かないようにしましょう。
- ゆっくり弾きますが、指は確信を持って弦の上に置きます。
- この練習の目的は、すべてを続けて弾けるようにすることではありません。二つの音やグループを完璧に良い音程で弾けるようになるまで、何回も繰り返して練習しましょう。4度を弾く時は、上の音の2オクターヴ下の音が'3番目の音'として音程良く聴こえるかどうか、確かめましょう。
- 可能な限り指を弦の上に置いておきましょう。
- 常にソ、レ、ラ、ミの音を開放弦と合わせて音程をチェックします。

ボウイング

スラーで、スラー無しで、また、次のスラーでも弾きます。

271 【練習1】

272 【練習2】

完全4度 213

273 【練習3】

274 【練習4】

3度の音階の練習方法

ヴィブラート

Vibrato
Vibrato

Part 9

あなたのヴィブラートが腕のヴィブラートか手のヴィブラートかに関わらず、それぞれに異なる要素が含まれる両タイプの練習をすることは、とても有効です。

時々、スクロールを壁にもたせかけてヴィブラートの練習をしてみましょう。

柔軟性

第一関節

弓を使わずに行います。

指の第一関節は、ヴィブラートにおいて'ブレーキ'のような役割を果たします。関節をよくしなるようにさせておくと、ヴィブラートは幅広くゆっくりになります。'ブレーキ'を常時、同じ形に固定しないことが大切です（求められるヴィブラートによって常に変化させます）。'ブレーキ'が完全にオン、完全にオフになることはほとんどありません。

各指を第一関節で曲げたり伸ばしたりします。その指のみで曲げることも、手や指を使って曲げることもあります。ヴィブラートの角度は、弦に対して斜めになることを確認しましょう。

- 指を弦の上に通常の丸い形で置きます（**写真49(a)**）。指の第二関節から先をまっすぐに伸ばします（**写真49(b)**）。また曲げて、また伸ばす…この動きを速くしたり遅くしたりします。
- 指を弦の表面に軽く置いて始めます。指を曲げたり伸ばしたりしている間、徐々に押さえる力を強くし、力の強さが最高に達したら、今度は徐々に弦の表面に軽く触れている状態までゆるめます。
- 動きが途切れないように繰り返します。指が弦に軽く触れている時も、しっかりと押さえている時も、指がリラックスしているのを感じましょう。

曲げる - 伸ばす - 曲げる - 伸ばす…

弦に軽く指先が乗っている - よりしっかりと - よりしっかりと… - より軽く - より軽く…

各弦の様々なポジションで、すべての指を使って繰り返しましょう。

写真49

(a) 第一関節が曲がっている

(b) 第一関節が伸びている

276 指の付け根の関節

弓を使わずに行います。

第一関節と同様に、指の付け根の関節もヴィブラートの動きを抑制するブレーキのような役割をします。実際にはその動きは目に見えないほど小さなものですが、まったくその動きがなかったら、手全体が硬くなってしまいます。

275と同様、弦を押さえたりゆるめたりしますが、ここでは、指の付け根の関節を内側、外側へと動かします。

- 指を弦の表面に軽く置いて始めます（**写真50(a)**）。
- 手のひらを外側、内側へ引っ張ったり押したりして、付け根の関節を動かします。
- 手のひらをヴァイオリンのネックから離すと、指はややまっすぐになります（**写真50(b)**）。手のひらを元の位置へ押し戻すと、再び指は曲がった状態になります（**写真50(a)**）。
- 手のひらを外側、内側へ動かしながら、徐々に指を押さえる力を強くし、力の強さが最高に達したら、今度は手のひらを内側、外側と動かしながら徐々にゆるめます。

各弦の様々なポジションで、すべての指を使って繰り返しましょう。

写真50

(a) 付け根の関節が内側へ押されている

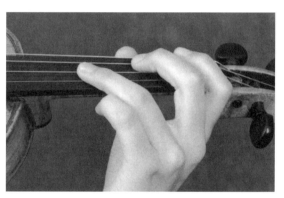
(b) 付け根の関節が外側へ引っ張られている

277 円運動

弓を使っても使わなくても練習できます。

ヴァイオリンの演奏に直線の動きはありません。すべての動きが円または弧を描きます。

ヴィブラートでも手が直線的に前後に動くことはありません。なぜなら、ヴィブラートで手が外側へ引っ張られると指は弦をゆるく押すことになり、指先が円を描くからです。この練習では円運動を大げさに行います。

- スクロールを壁にもたせかけ、指は1本ずつ使います。
- 手を時計回りに円運動をさせます（**写真51**）。付点8分音符の時は手を下前方へ、16分音符の時は上後方へ行きます。
- 前方への動き（付点8分音符）：指先は弦に深く入り、より丸い状態になります。
- 後方への動き（×音）：指先は弦を解放し、指はやや伸びた状態になります。

この円運動を、各弦の様々なポジションで、すべての指を使って練習しましょう。

写真51

この練習での指の
動きは円運動です

手と腕の動き

指をすべらせる練習

弓を使っても使わなくても練習できます。
親指以外の指は握らずにリラックスさせ、親指はできるだけ軽くネックに付けておきます。

278 【練習1】

各小節を可能な限り速いテンポで弾きます。弦の上で上下に大きくすべらせて始め、徐々にヴィブラートにちょうどよい幅になるまでスライドを小さくしていきます。音符どおりに正確に弾く必要はありません。すべらせる音程が1／4音になるまでスライドを小さくしていきます。

- 1～3小節：大きくすべらせる動きから始め（腕または手を使って）、徐々に距離を狭めていきます。動きがとても小さくなるまで親指を手と一緒に動かします。そして指だけが弦の上ですべっているようになったら、親指は動かさずに1箇所に留まります。

- 4小節目：すべらせる動きが1／4音の幅になると指は弦の上に固定され、指先はすべらずに揺れ動いている状態になります。後方への動きは×音で示されています。

- 5小節目：1～4小節と同じ手と腕の動きを使い、指がすべらずに揺れ動いている、とても狭い幅のヴィブラートで弾きましょう。

ヴィブラート

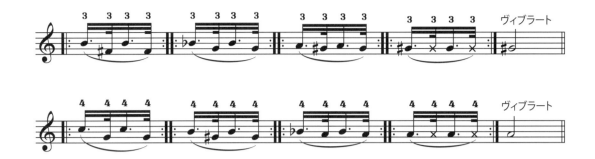

手のヴィブラート
● 指を弦に沿って上下に動かします。指が動きを先導し、手は手首から動かします。

腕のヴィブラート
● 腕と手を一緒に動かします。主要な動きは肘からですが、やはり先導するのは指先で、手首はしなるようにしておきます。

各弦で弾きましょう。

279 【練習 2】

他に、半音のシフトで指先を弦の上ですべらせ、ヴィブラートの動きにする練習もあります。

● 1小節目：軽くシフトします。親指は動かさずに同じ場所に置き、指をすべらせます。

● 2小節目：ヴィブラートは（弦の上で指をすべらせないで）1小節目と同じ手と腕の動きを使います。×音はヴィブラートの下方への動きを示し、聴こえないように弾きます。第一関節を楽にさせておきましょう。

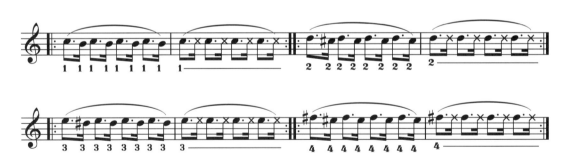

手のヴィブラート
腕を動かさずに、弦の上で、手を手首から上下に動かします。指が動きを先導します。

腕のヴィブラート
腕と手を一緒に動かします。主要な動きは肘からで、手首はリラックスさせておきます。指が動きを先導します。

各弦で弾きましょう。

280 軽く叩く練習

弓を使わずに行います。

ヴァイオリンの縁の上部に、母指球（親指の付け根のふくらみ）を置きます（**写真52**）。親指の腹を通常のハイポジションを弾く時のようにネックの一番上のところに置きます。指自体は動かさず、手を手首から上げたり下げたりします。

1. 指板の左側の表板を指で叩きます（4本の指で同時に）。4回叩き、5回目を叩いたら指を表板の上に置いて止めます。

   叩く、叩く、叩く、叩く、叩く - そして - 止まる
   叩く、叩く、叩く、叩く、叩く - そして - 止まる…

2. 同様のことを、弦上の指板の一番上近くで行います。
3. 各弦上の指板の一番上近くで、1本ずつ指で叩きます。

写真52

親指をネックの上部に付けて置きます

腕のヴィブラート

親指の腹をネックの一番上の場所に置きますが、親指の付け根の部分は楽器の縁の上部から離しておきます。手ではなく、下腕の動きによって指を叩きます。

281 壁を使った練習

左手の下腕が壁に対して平らに付くように立ちます。

- 下腕が壁から離れないように、手首から先を前後に動かします。右手を使って左手の下腕を安定させます（**写真53(a)**）。
- 同じようにしますが、手と肘を一体にして、肘から下腕全体を動かします（**写真53(b)**）。

写真53

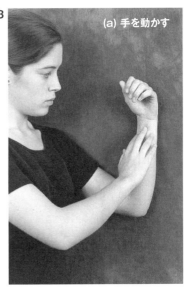

(a) 手を動かす

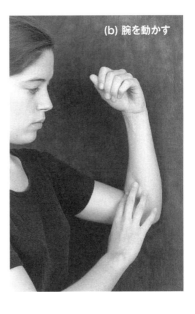

(b) 腕を動かす

下腕の回転運動

下腕の主要な動きは前後の方向ですが、ほとんど目に見えないくらいの横方向へ回す動きもあります。

282 【練習 1】

ヴァイオリン無しで、左手を演奏する時の肩の高さに保ちます。

1. 手のひらが外へ向くように下腕を反時計回りに回転させます。そして、今度は時計回りに回転させ、演奏する時の形に戻します。
2. この動きを継続的にできるだけ速い動きで繰り返し、手が疲れるまで行います。手首、手と指、上腕と肩、すべてをゆるめておきます。
3. この回転運動を行う時は、ゆっくりと肘を左上方向へ動かします（手のひらが床の方へ向き、腕が床と水平になるように）。
4. この回転運動を続けながら、通常のG線を弾く時の位置まで肘を右下方向へ動かします（肘は右方向へ回転します）。
5. 回転運動を止めないで、4. の肘の通常の位置と3. の手のひらが床を向いている位置を行ったり来たりします。

283 【練習 2】

弓を使わずに、弦上で指を上下に叩きます。この練習の目的のためには、指をあまり大きく動かしてはいけません。手の横への回転運動によって叩きます。

- 各指を置く時、下腕を時計回りに回転させます。指を上げる時には、下腕が指板から離れるように反時計回りに回転させます。
- 親指はリラックスさせておき、ネックの周りを回るように感じます。

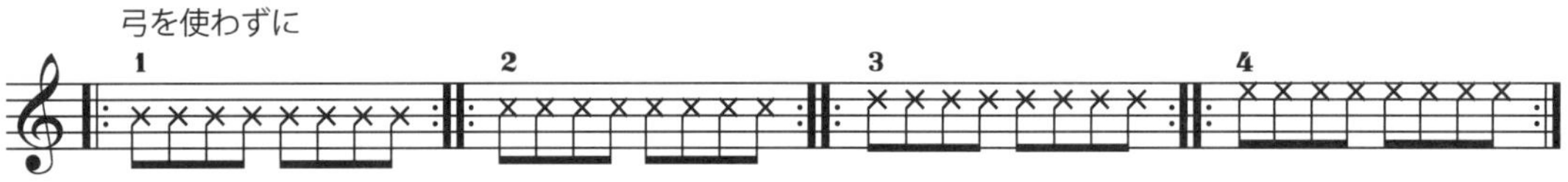

各弦で練習しましょう。

284 【練習 3：親指】

下腕の回転運動によって、親指が他の指と逆方向に動くことになります。これは意識的な動きではありませんが、ヴィブラートによって指が前方へ動くと親指は後方へ、指が後方へ動くと親指は前方へ動きます。ヴァイオリンのネックに沿ってややころがすような動きで、親指の左側（奏者から遠い側）は、他の指が前方へ（駒の方へ向かって）ヴィブラートされるとネックに触ります。そして手が後ろへ行くと親指の腹の方がネックに触ります。

この動きは目に見えないほどわずかなもので、もし親指が固まって動かなくなってしまうとヴィブラートも硬く緊張してしまいます。これは、腕のヴィブラートでも手のヴィブラートでも同じです[1]。

×音はヴィブラートのうちの下方向へ動く音で、実際に聴こえる音ではありません。

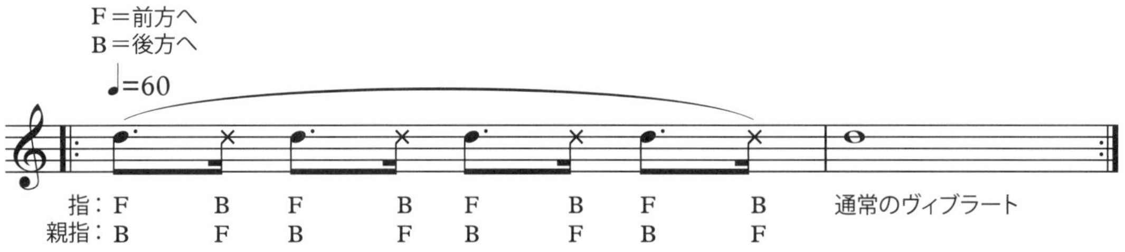

[1] この親指の動きは、いつも腕のヴィブラートで生じるわけではありません。腕と手が一体になって一緒に動く（肘から指の付け根が常にまっすぐなラインになっている）時は、親指と他の指が逆方向へ動くことはありません。
このヴィブラートはうまくいく時もあれば、幅が広すぎたり緊張しすぎることもあります。腕が‘スウィング’して手が受動的に前方や後方へと動くと、親指は指に対して逆方向の動きをします（(286)を参照）。これが肘から上のどこか一部分だけでなく、指、手、腕が協力し合ってヴィブラートの‘モーター’となっている感覚を与えます。どのようなヴィブラートを使うとしても、すべてのタイプの練習をしておくのは良いことです。

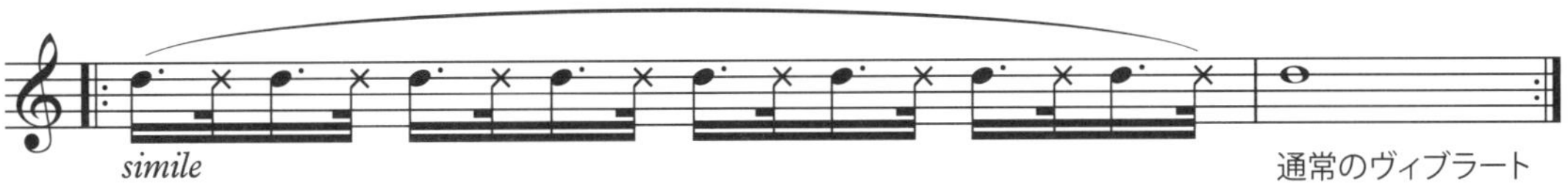

- 通常の、手または腕のヴィブラートを使い、付点のリズムで正確に4回前方へ揺らします。同時に親指は反対方向へ揺れます。
- 5回目の前方への動きから、リズムをつけずに通常の手または腕のヴィブラートを行います（次のように）。

  前、前、前、前、前そしてヴィブラート
  前、前、前、前、前そしてヴィブラート…
- 通常のヴィブラート中に、指、手、腕からパワーをもらっていることを感じましょう。

各指、各弦で繰り返しましょう。

緊張をゆるめる練習

285 フラジョレットへの指の解放

ヴィブラートの前方への動きの時、指は弦に対してやや重みをかけるようになります。後方へ動く時、指は弦をやや解放するようになります。圧力の変化は決して指が故意に弦を押さえつけてもたらされるものではなく、指が前方へ傾くことにより自動的に起きる結果なのです[1]。

前方や後方へ動く時、指が同じ圧力のままヴィブラートをかけると、左手が緊張する原因の一つとなります。

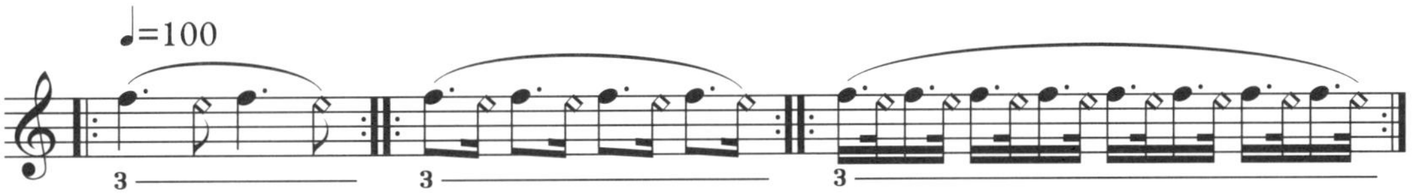

1. A線でミのすぐ上の低めのファから弾き始めます[2]。
   指の腹ではなく指先近くを弦の上に置きます。つまり、指を立てた状態です（**写真54(a)**）。
2. 通常の手または腕のヴィブラートを使って、指の腹を前方や後方へ揺らします。同時に、フラジョレットのミを弾くように弦を完全に解放します。指が平らになり、指の腹が弦に触れている状態になります（**写真54(b)**）。シフトの時のように、弦に沿って指をすべらせてはいけません。
3. 指先を前方や後方へ揺らします。同時に指は第一関節で曲がり、弦に深く入っていきます。'指が押し付けられる' ことなく、低めのファは自動的に鳴ります。

フラジョレットは、はっきりと聴こえなくてはいけません。***f*** の安定した響きで弾きましょう。各指、各弦で同じようなフラジョレットを使って繰り返しましょう。

写真54

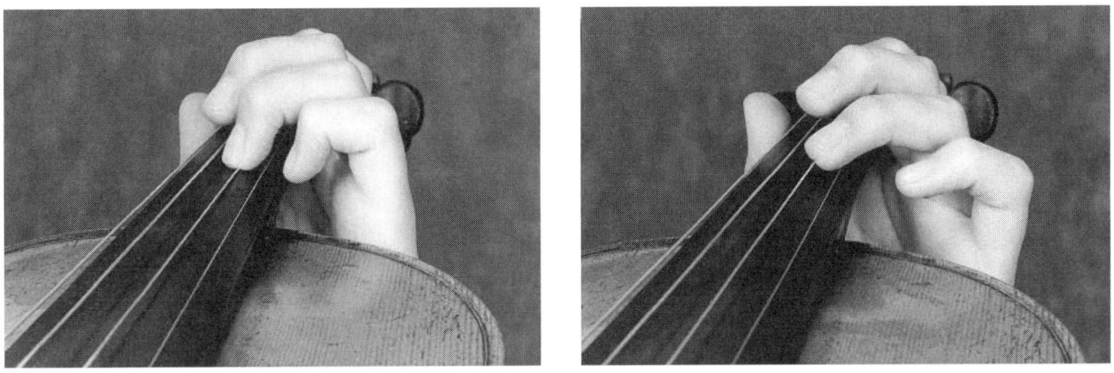

(a) 指が前方へ'正しい音程へ'のポジション　**(b) 指が後方向へころがり、弦が解放された状態**

[1] (130) の「弦上で指をころがす運動」を参照。

[2] 通常、ヴィブラートで上方向へ動かした時の音程はその音そのものの音程になりますが、ここでは、下方向へ動かした時の音程がその音の音程になります。なぜなら、フラジョレットを弾くために指を軽くする必要があるからです。正しいファの音程からミのフラジョレットへでは、動きが大きすぎてしまうので、'低めのファ' を弾くのです。

286 腕のヴィブラートでの手の'揺れ'

腕のヴィブラートでは腕の動きが手を受動的に動かします。意識して手を動かそうとしなくても、腕と反対方向へ目に見えないほど前方、後方へ動きます。

下腕と手が一体となって動くと、幅広くゆっくりなヴィブラートをつくり出すことになり、必要以上に多く動かさなければなりません。手首の下で誰かが下腕を固く押さえて奏者の動きを制御しようとしても、腕のヴィブラートは続けることができます。

<u>この練習では、能動的な手の動きはまったくありません。</u>

楽器無しで、演奏するポジションで手のひらを顔の方に向けます（弾くとすれば、4の指がE線に届かないような形）。

腕からの動きで、ゆるく手を揺らすようにします。

1. 手を前方、後方へ揺らします。もし本当に手を脱力してダラリとさせていると、小さな腕の動きで大きな手の動きをつくり出すことができます。
2. あなた自身が揺れているかのように、手を左右に揺らします。
3. 手を時計回りに、反時計回りに、円運動で揺らします。指、手、手首をリラックスさせ、下腕の小さな円運動が手の大きな円運動をつくり出すようにします。

287 フラジョレットでのヴィブラート練習

フラジョレットとしっかり押さえた音で、交互に行います。その間もヴィブラートを止めないようにします。

- フラジョレットの間、手、指、そして親指を完全にリラックスさせ、押さえた音の時にもこのリラックスした状態を持続します。
- フラジョレットから普通の音へ変わる時は、ヴィブラートを止めずに指を弦の中にゆっくりと押し込んでいき、また、ゆっくりとフラジョレットの状態まで弦を解放します。

同様のフラジョレットを使って他の弦でも繰り返しましょう。

288 スクロールを動かさないこと

この練習の目的は、スクロールを動かさずに力強いヴィブラートをかけられるようにすることです。手が硬くてはできません。

1. とても幅の狭い、ゆっくりとしたヴィブラートをかけます。
2. スクロールを見ましょう。もし、少しでもスクロールが動いていたら、完全に止まるまで、親指、手、指をリラックスさせるか、またはヴィブラートの方向を変えてみます。
3. 徐々にヴィブラートのスピードを上げ、幅を広くします。少しでもスクロールが動いたら、動きが止まるまでヴィブラートのスピードと幅を減らします。
4. 何が原因でスクロールが動くのかを見つけましょう。親指が硬くなっているのか？ 1の指がヴァイオリンのネックを挟みつけているのか？ 指が硬く動きにくくなっているのか？ 手首が硬いのか？ ヴィブラートの動かす方向が良くないのか？
5. 手をリラックスさせたり動きを矯正したりした後、徐々にヴィブラートのスピードと幅を増やします。
6. ヴァイオリンを振動させずに、とても速い幅の広いヴィブラートになるまで続けます。

各指で、色々なポジションで、各弦で練習します。また、重音でも行いましょう。

289 上腕（肘より上）

　上腕が硬くなる原因の多くは、ヴィブラートの動きの中で、上腕がリラックスして自然に'ぶらさがった'状態にならず、身体の近くへ引っ張られてしまうからです。この練習では、ヴィブラートの動きと上腕を横へ引っ張る動きを区別します。

　右手をヴァイオリンの'ネック'の代わりに使い、左手の親指を右手の手のひらの中に入れ、手の甲を'指板'のようにして指を置きます（**写真55(a)**）。

- 左手を演奏する時のポジションにし、通常の（手首または腕の）ヴィブラートをかけます。
- ヴィブラートをしながら右手を左の肩の上の方へ動かし（**写真55(b)**）、上腕と身体との間にできるだけ大きなスペースをつくります。
- また、ギターやチェロのようなポジションでヴィブラートをしたり、左手を頭の後ろへ持っていったり…。上腕が硬くなったり右へ引っ張られたりせずに、ヴィブラートを続けられるのを感じましょう。

　楽器を使っても良いでしょう（**写真55(c)**）。

写真55

(a) 手をヴァイオリンのネックの代わりにします

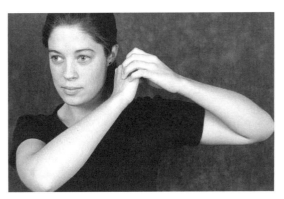

(b) 上腕と胸との間のスペースを感じましょう

(c) ヴァイオリンを使っても良いでしょう

ヴィブラート

速度

290 様々な速度でのヴィブラート

35ページの「音をつくる」練習のように、日課としてのウォーミング・アップの練習にもなります。

ヴィブラートは、正しい基本の音程に向かった積極的な動きによってつくられます。下方向への動きは、その反動です。これは手を打ち合わせる時と同じで、手を'離す'動きではなく、手を合わせる活発な動きが手を'打つ'のです。'打つ - 離す - 打つ - 離す'ではなく、'打つ - 打つ - 打つ - 打つ'の動きです。

同様に、ヴィブラートの動きは（基本の音程をF、下方向の音程をBとすると）、'Fへ - Fへ'であり、'Fへ - Bへ'ではありません。

Fへのヴィブラートの動きの時は、指を弦の中へやや深く押し込むようにし、Bへ動く時は弦をややゆるめます。

付点8分音符＝Fへ、正しい音程へ向かうヴィブラート
×音＝Bへ弦をゆるめ、音はほとんど聴こえません

メトロノームを使って下げ弓で4拍、上げ弓で4拍の長い保持音で練習します。ゆっくりと♩＝60で始め、♩＝66、♩＝72、♩＝80…と、♩＝約108まで上げます。

1. 1拍に一つのヴィブラート（1〜2小節）。
2. 1拍に二つのヴィブラート（3〜4小節）。
3. 1拍目で四つのヴィブラート、2拍目で指を止めます（5〜6小節）。つまり、Fへ、Fへ、Fへ、Fへ、基本の音程 - そして - 止めます。

色々な弦、色々な指で、あらゆるポジションで弾きましょう。重音でも練習しましょう。

291 ヴィブラート・アクセント

演奏では通常、片方の手がもう片方の手の動きから影響を受けないように気をつけなければなりません。しかしここではそれが問題にはならず、むしろ好都合になります。右手の影響により左手のヴィブラートの速度が上がり、弓のアタックがヴィブラートの始めに'キック'を与えることになるからです。

弓　　　　速い - 遅い、重い - 軽い
ヴィブラート　速い - 遅い、広い - 狭い

色々な弦、色々な指で、あらゆるポジションでも弾きましょう。

292 幅を変えずに速度を変える

ヴィブラートの速度を上げる一番簡単な方法は、幅を狭くすることです。しかしこの練習では、速度を変えても幅はそのままにしておきます。

付点8分音符＝基本の音程、正しい音程へ向かうヴィブラート

×音＝下方向へ弦をゆるめ、音はほとんど聴こえません

一つの音で全弓を使い、下げ弓、上げ弓を続けて弾きましょう。

- 一弓で4拍弾きます。♩＝60で始め、♩＝66、♩＝72、♩＝80…と、♩＝約108まで上げます。
- メトロノームの各速度で、始めはヴィブラート1回、2回、3回、4回と、とても狭いヴィブラートをかけ、次に中位、最後は広いヴィブラートにします。
- 各拍のヴィブラートの数だけを増やしていることを確認し、一つの練習の中では、それぞれのヴィブラートの幅は変えないようにします。

また、反対に速度を落としていく練習や、4回、3回、4回、2回、3回、1回などのようにアットランダムな回数の練習もしてみましょう。

色々な弦、色々な指で、あらゆるポジションでも弾きましょう。

ヴィブラートの幅

293 半音を分割する

この練習では、微妙な音程の動きを感じ取れるように、耳と指を敏感にして、とても狭く純粋なヴィブラートをかけられるようにします（シラシラ…やドシドシ…ではなく）。つまり、ある音とフラットになった音との間を広くすべらせるのではなく、心臓の鼓動のように脈打つ一つの音のように弾きます。これはたいへん良い音程の練習にもなります。1/64音や1/128音などを聴くと、半音がとても幅広く聴こえます。

すべての段階をヴィブラート無しでも弾きます。

1. A線の第3ポジションで、ミ - レ - ミを弾きます。スラー無しでしっかりと弾きます。両方の音を開放弦に合わせます。
2. レ - ミのちょうど真ん中の音程を取り、'加減され
だ'レ♯、すなわちミ - レ♯ - ミと弾きます。
3. レ♯ - ミのちょうど真ん中の音程を取り、1／4音を弾きます（ミ - レ♯＋1／4音 - ミ）。
4. そして、1本の指のみを使い（音程を探すために上下に少し揺らします）、ミ - 1／8音低い音 - そしてミを再び弾きます。
5. 1/16、1/32、1/64、1/128音の音程に揺らしながら続けます。常にミを弾き、ほんの少し低い音、そして再びミを弾きます。ミの音が常に正しい音程であることを確認するために、開放弦と比較してチェックしましょう。

色々な弦、色々な指で、あらゆるポジションでも弾きましょう。

ヴァリエーション

1. レ - ミと弾きます。
2. 均等な半音を弾きます（レ - レ♯ - ミ）。
3. 均等な1／4音を弾きます（レ - レ＋1／4音 - レ♯ - レ♯＋1／4音 - ミ）。
4. 1／8音を8回弾き、できる限り続けます。

G ヴィブラート

294 指先と指の腹

指先を弦に対してとても立った状態で押さえると、ヴィブラートは狭くなります。指を寝かせて指の腹が弦に触れるようにすると、ヴィブラートの幅は広くなります。

この練習では非常に狭い幅でヴィブラートを始め、徐々に幅を広げていき、最大に幅広いヴィブラートまで達したら、徐々に狭い幅まで戻します。

ヴィブラートの変化には指先と指の腹の部分だけを使い、手や腕は動かしません。

長い'レ'の音でヴィブラートをかけます。16 分音符は基本の音程へヴィブラートがかかることを示しており、正しい'レ'の音程にします。

1. 指先はとても立った状態にして、幅の狭いヴィブラートを始めます。
2. 少しずつ指の腹を使うように指を寝かせていきます。音程が不安定にならないようにしましょう。変化するのはヴィブラートの幅が徐々に広くなっていくことだけです。
3. ヴィブラートが最大に広くなるまで続け、次に、最小限の幅になり指先を使う状態になるまで戻ります。

色々な弦、色々な指で、あらゆるポジションでも弾きましょう。

295 速度を変えずに幅を変える

一つの音を上げ弓、下げ弓で全音符を継続して弾きます。一弓で 4 拍弾きます。

- 1 拍に四つのヴィブラートを入れます（'16 分音符'がヴィブラートであるように）。メトロノームを使い、♩＝60、♩＝66、♩＝72、♩＝80、そして♩＝約100 までヴィブラートの速さを上げていきます。
- 各速度で、できる限り狭いヴィブラートから始めます。ほんの少しずつ幅を広げ、最大限に広いヴィブラートまでいき、徐々に狭くして一番狭い幅まで戻ります。
- 常に各拍に四つのヴィブラートを入れ、幅が変わってもヴィブラートの速度は変わらないようにします。

色々な弦、色々な指で、あらゆるポジションでも弾きましょう。

練習方法　'揺れ'

《ソナタ第 3 番》ニ短調 op.108 第 2 楽章
ブラームス

次の各音はヴィブラートの'ひと揺れ'を示しています。弓をスムーズに保ち、ヴィブラートの動きだけで'揺れ'または'強い脈打ち'をつくます。各指を'F（基本の音程）へ‐Fへ‐Fへ‐Fへ'と正しい音程へ向かって振動させます。

始めは16分音符の中に二つ'揺れ'を入れ、その後、四つに増やしていきます。

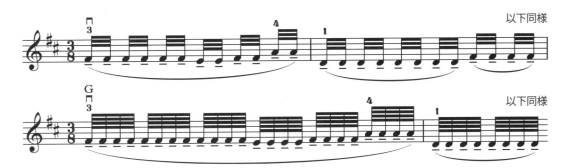

ヴィブラートの継続

296 指のゆっくりな動きの練習

通常の手や腕のヴィブラートを使って、手の揺れが止まらないようにします。指の「押す、離す」動きをとてもゆっくり行います。手が揺れている時には指も'揺れて'ゆっくりと弦に近づいたり離れたりしているからです。

指を落とす

- ヴィブラートの基本の音程方向への動きにより、指が弦に近づき、触れます。始めは歪んだ音がしますが、徐々に次の音をしっかりと押さえていきます。ここでは、指が弦に触れ始めてからしっかりと弦を押さえるまで、可能な限りゆっくりと指を下ろします。指が弦に近づき、押さえ始めてしっかりと押さえるまで、ヴィブラートは止めずに継続させます。

指を上げる

- ヴィブラートをかけ続けながら非常にゆっくりと指を離します。指が弦を解放し始めると、指が下方向へ動く時、その途中では音が汚くなり、指が完全に弦を押さえるときれいな音になります。指が弦を押さえた状態から完全に離した状態まで、できるだけゆっくりと指を動かします。

他の弦でも弾きましょう。

- 2の指から1の指に下りる時、下の音の指が既に弦の上にあることを確認しましょう。上の音の指がゆっくりと弦から離れる時、両方の指が一緒に振動していなければなりません。

297 揺　れ

付点8分音符＝基本の音程方向へ、正しい音程へ
×音＝ほとんど聴こえない、下方向への指をゆるめた音

- ♩＝60で始めます。♩＝約80まで徐々にテンポを上げます。
- まず始めに各拍で'ひと揺れ'させ、次に'ふた揺れ'、そして4回と増やしていきます。
- 低い音から高い音（1小節目の四つ目の音から五つ目の音）へ動く時、指は高い音の正しい音程に下ろさなければなりません。そして、低い音へ揺れて戻ります。つまり、ヴィブラートの'揺れ'は指を正しい音程の場所に落としたところから始まります。
- この練習では、基本の音から低い音へと動くタイミング（1小節目の最後の×音から2小節目の第1音にいく時）が重要です。×音の間に手や指が既に下方向へ動き始め、指を離した時に下の音の指は次の音の基本の音程へと動かなければなりません。

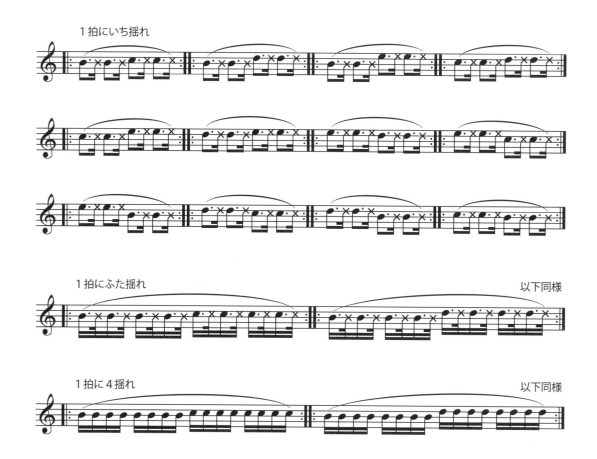

他の弦でも練習しましょう。

音を出さない指の上げ下ろし

上の弦を弾いている間に、下の弦の指を静かに上げたり下ろしたりします（×音）。

- 下の弦で指の上げ下ろしをしている間、上の弦の指は一瞬たりとも止めることなくヴィブラートをかけていなければなりません。

- 指が弦に触れたり離れたりしている間、音を出さない下の弦の指にもヴィブラートをかけます。

  下の弦の指を使っていない時と同じように、上の音には継続してヴィブラートをかけましょう。

G線とD線、D線とA線でも弾きましょう。

練習方法：指を押さえておく

速い16分音符はヴィブラートをかけることが不可能に思えますが、長く押さえている指にヴィブラートをかけると、自然に他の指にもヴィブラートがかかります。このヴィブラートは本当にわずかでなければならず、'グラグラして'はいけません。しかし、まったくヴィブラートが無い音と、ほんのわずかでもかかっている音とでは大きな違いがあります。

すべての指におけるヴィブラートの均一性

299 指の比較

- 同じ音に、各指1音ずつヴィブラートをかけます。
- 各指のヴィブラートがどの指もまったく（幅と速さが）同じように聴こえ、聴いている人にどの指を使っているのかが分からないようにします。どの順番で指を使ってもかまいません。

次のすべての方法を試しましょう。

1. 各指でゆっくり広いヴィブラート
2. ゆっくり狭いヴィブラート
3. 速く広いヴィブラート
4. 速く狭いヴィブラート

この4種類の方法をすべて、低い、中位、高いポジションで、各弦でも弾きましょう。

1－3または2－4の指を使った3度などの重音でも練習しましょう。

300 ムラのない音程

- スピッカートと同じ速さで正確にヴィブラートをかけます。メトロノームを使い、始めはゆっくり、そして徐々にテンポを上げていきます。
- ヴィブラートの基本の音程への動きをスピッカートと一致するようにし、すべての音が同じ音程になるようにします。×音はヴィブラートの下方への動きで、聴こえてはいけない音です。まるでヴィブラートをかけていないかのように聴こえなければなりません。すなわちシシシシ…、ドドドド…など（シラ♯シラ♯…、ドシドシ…ではなく）。
- もし音程が変わったならば、ヴィブラートの幅が常に一定でなかったか、あるいは、スピッカートがヴィブラートの一番高い音程を捕らえていなかったかの、どちらかです。

各弦の、低い、中位、高いポジションで弾きましょう。

総索引 （日本語版独自のものです）

あ
- アウアー , レオポルド ……… 89, 202
- 上げる、落とす動きのタイミング ……… 119
- 顎 ……… 20
- 圧力　「音をつくる」を参照のこと
  - 音程 ……… 57
  - 弓圧の練習方法 ……… 55
- アルペッジョの跳ばし弓 ……… 76-7

- 移弦 ……… 25-34, 87, 116
  - アクセントを付けた移弦 ……… 32
  - 移弦の準備 ……… 18
  - 音階における移弦 ……… 33
  - 重音 ……… 183
  - スタッカート ……… 66
  - スピッカート ……… 72
- 1の指（左手） ……… 118, 222

- ヴァイオリン
  - 傾き ……… 35
  - 身体に対する角度 ……… 20
  - 締め付ける ……… 103, 147
  - 床に対する角度 ……… 35
- ヴァイオリンの角度
  - 身体に対して ……… 20
  - 床に対して ……… 35
- ヴィブラート ……… 215-231
- 動かせる音程 ……… 203
- 腕の重み（左手） ……… 90
- 腕の重み（右手） ……… 12

- 円運動 ……… 31, 216

- 置き換えるシフト ……… 162-8
  - 定義 ……… 162
- オクターヴ（音程　度数） ……… 103, 173-5
- オクターヴ（重音） ……… 182, 212
- 音のグループ ……… 66, 139
  - 練習方法 ……… 140
- 音をつくる ……… 35-58
  - 圧力 ……… 12, 14, 15, 17, 36, 41-6, 48-50, 53, 54-8, 59, 60
    - スタッカート ……… 65
    - マルトレ ……… 63
  - 共鳴 ……… 37-8
  - 共鳴しない音 ……… 38
  - 弦の長さ ……… 50, 57-8, 63
  - 弦をキャッチする ……… 36, 62, 63
  - コレスピッカート ……… 69
  - サウンドポイントを変える ……… 44
  - 接点 ……… 41
  - ソン・フィレ（ロングトーン） ……… 18-20
  - なめらかな弓の返し ……… 60
  - 人差し指（右手）の圧力 ……… 3, 5
  - 摩擦 ……… 36
  - 三つの原則 ……… 57
  - 弓に重みを与える ……… 5-6
  - 弓の速さ ……… 15, 36, 41-6, 48-53, 59, 60
    - コレスピッカート ……… 69
    - サウンドポイントを移動する ……… 49-50
    - 不規則な速度練習 ……… 51-3
    - 分散3度の練習 ……… 50-51
    - マルトレ ……… 63
  - レガート ……… 39-40
- 重さ　「音をつくる」を参照のこと
  - 腕または手 ……… 12
  - 手 ……… 14
  - 肘による「てこ」 ……… 17
- 重さの中心　「ポイント・オブ・バランス」を参照のこと ……… 2, 4, 21
- 親指（左手） ……… 105, 167, 168, 220
  - 位置 ……… 89, 108
  - 緊張 ……… 2
  - シフト ……… 146
  - 準備練習 ……… 90
  - 対圧 ……… 89-92, 103
    - 練習方法 ……… 90
  - 独立 ……… 91
  - 三つの関節 ……… 89
- 親指（右手） ……… 5, 7, 64
  - 親指と中指 ……… 2, 14, 16, 62
  - 柔軟性 ……… 3, 9
  - 対圧 ……… 1
  - 弓に対する角度 ……… 1
- 音階 ……… 40
  - 移弦 ……… 33
  - 音程 ……… 198
  - 音程を合わせる練習方法 ……… 198
  - 速度練習 ……… 50
  - 重複して指を押さえる ……… 116
- 音程 ……… 185-214
  - オクターヴ ……… 103
  - 音をつくる ……… 185
  - 音階 ……… 198
  - 完全音程 ……… 212
  - 規則 ……… 191-203
    - 音の比較 ……… 191-3
  - 共鳴による振動 ……… 185
  - 組み立て方 ……… 191
  - 3度 ……… 196-7, 208-9
  - 3番目の音 ……… 203-12
  - 重音 ……… 57, 203, 206-9
  - 全音・半音の組み合わせ ……… 204-9
  - 中間音 ……… 188
  - 度数 ……… 198
  - 半音 ……… 201
  - 反復練習 ……… 209-11
  - 左手の感触 ……… 186
  - 表情豊かな音程 ……… 199

	指との関係	186
	指使いのパターン	194-6
	弓の圧力	57
	4度	212
	6度	203
	音程の規則	191-203

か

回外運動		16, 65
回転運動		25-34, 27
	弓	27
	和音	87
回内運動		16, 65
カザルス , パブロ		54, 198, 199
かすかな音		145
傾き		
	ヴァイオリン	35
	弓	38
カペー , リュシアン		54
ガラミアン , イヴァン		22, 27, 41, 54, 62, 84, 89, 113
下腕（左手）		
	ヴィブラートにおいて	219, 220, 222
下腕（右手）		10, 22
	曲線運動	15, 65, 78
技術的な、音楽的なタイミング		27, 62, 130
基本的なシフト		157
	定義	157
共鳴		37-8
共鳴しない音		38
共鳴による振動		185
曲線運動		65
	ソティエ	74
	スタッカート	65
	スピッカート	70
緊張		1, 93, 102, 103, 105, 125, 220, 223
薬指（右手）		5, 14
弦		
	左右への動き	36, 42
	しなり	104
	指板への押さえ	104
	振動	
	幅	42, 43, 48
	分割	185
	指の速さ	121
	張力	36, 57, 71
	長さ	57-8
	弓の毛との接点	36
弦から離すボウイング		4, 63-5
弦をキャッチする		36, 62, 63
固定されている音程		203
小指（右手）		2, 3, 4, 5
コレ		16, 36, 62
	コレスピッカート	69
ころがす運動		91, 220
コンビネーション・シフト		160, 164
	定義	160

さ

サウンドポイント		41-7
左右の手の調和		129-34
	ぼやけた音	129
	練習方法	130
3度（音程　度数）		102, 196-7, 208-9
3度（重音）		137, 166, 179-84, 203, 208-9, 214
3の指（左手）		102
3番目の音		203, 212
2/3、1/3、2/3		51
シフト		145-84
重音		106, 179-84
	合わせ方	203
	移弦	183
	完全4度	212
	弦の高さ	26
	3度	208-9
	3度のトリル	137
	バランス	26
	フィンガード・オクターヴのトリル	137
	6度のトリル	137
10度（音程　度数）		176-7
10度（重音）		96
主要なストローク		59-88
準備練習		
	親指（左手）	90
	コレ	62
	指の動き（左手）	107-8
上腕（左手）		103, 223
上腕（右手）		12, 16-7
シルバースタイン , ジョゼフ		60
スクエアー（右腕）		21, 22
スクロール		35, 168, 215, 222
鈴木鎮一		89
スタッカート		64-9
ストロークの最後の音		60
ストロークを繋ぐ		60
素早くできるウォーミング・アップ		138
スピッカート		3, 25-6, 66, 69, 70-2, 79-83
接点		35, 41
セヴシック , オタカール		89, 100, 138, 147
ソティエ		66, 73-4, 79, 82-3
ソン・フィレ（ロングトーン）		18-20

た

対圧		
	親指（左手）	105, 167, 220
	親指（右手）	1
対抗する動作		134
立てた指（左手）		109, 113-6, 147
縮め		144
中間音		188
ティレ、プッセ（下げ弓、上げ弓）		15
ディレイ , ドロシー		60, 198

	手首（左手）	93, 103, 140, 222, 223
	手首（右手）	
	手首の動き	10, 11, 12
	デタシェ	59, 61
	アクセントを付けた	59, 61
	シンプルな	59, 61
	マルトレへ	61
	手の中での弓の動き	106
	人差し指	70, 73, 74, 76
	ドゥニス, Dr. DC	9, 55
	跳ばし弓	72
	トリル	134-8
な	中指（右手）	2, 4, 5, 14
	ナハマノヴィッチ, スティーヴン	4
	なめらかな弓の返し	60
	抜けてしまう音	168
	練習方法	169
	寝かせた指	109, 113-6, 147
	伸ばす	113-6
は	ハイフェッツ, ヤッシャ	137
	パガニーニ, ニコロ	148
	《24のカプリス》作品1第24番	148
	発音	40
	クリック	36, 62
	速いパッセージ	119, 139, 168
	速さの限度	66, 72, 139
	バランス	70
	半音	153-4, 201
	半音のグリッサンド	155
	引く弓と押す弓	15
	肘（左手）	93, 108, 145
	左手のピッツィカート	120
	肘（右手）	17
	左手	
	感触	186
	3度とフィンガード・オクターヴ	102-3
	指板に対する指の付け根の関節の角度	93
	手首	93, 103
	手の大きさ	98
	手のポジション	98
	伸ばしと縮め	113-6, 140-4
	指と指との音程間隔	186
	指と指との間隔	93
	指の圧力	103-6, 168
	指の動き	106
	速い動き	119-25
	指の準備	27
	指の付け根の関節の広げ	93-7, 98, 99, 125, 140
	4の指	125-8
	4の指から下へ向かっての伸ばし	98, 99-101
	ピッツィカート	
	左右の手の調和	129

	人差し指（右手）	2, 3, 4, 5, 14, 64, 70, 73, 74, 76
	フィンガード・オクターヴ	96, 103, 137, 166, 181, 182, 184
	フレッシュ, カール	9, 41, 72, 89, 108
	分散3度、4度など	152, 166
	ポイント・オブ・バランス	2, 4, 21
	ボウイングのパターン	78-85
	ポルタート	39, 61
ま	マサール、ランベール	84
	マルトレ	16, 25, 27, 36, 59, 63-4, 66
	保持されたマルトレ	61, 63
	短いマルトレ	61, 63
	指の動き	63
	弓の持ちかた	64
	右腕	1-34
	インとアウト	17
	動き	21
	重み	12
	重みを使う	12
	下腕の回転	11, 12, 15, 78
	上腕	12, 16-7
	全弓	24
	長い	20
	肘	11, 18
	短い	3, 20
	弓の角度	22-3
	弓の各場所での右腕の動き	21
	右手	1-34
	重みの分散	14
	自由に動く指	5
	手首からの動き	10-2
	バランス	5
	指の動き	7, 62
	マルトレ	63
	指の関節	64
	弓の返し	9, 60
	弓の角度	5
	短い、速いストローク	24
	モーツァルト、レオポルド	54
ゆ	ゆっくりとした速さでの到達	148, 149, 158, 164
	指（左手） 「左手」を参照のこと	
	上げる、落とすタイミング	119
	1の指	118
	ヴィブラート	215
	押さえておく指	116, 118
	音のグループ	139-140
	音符間での解放	105
	弦の上に保つ指	99, 186
	ころがす	91
	重音	86
	叩き	108-12
	立てた指と寝かせた指	109, 113-6, 147

中間音	188
重複して押さえること	116
離すときの形	106, 204
丸いかまっすぐか	100
三つの主要な「てこ」	106
指先の置き方	93-4
指先または指の腹	100
指と指との間隔	93, 103
指の圧力	89, 103-6
練習方法	105
指の動き	106-12, 116-8
指の準備	116, 130-4
指の先導	129
指の付け根の関節から動かす	107
指の離し	106, 107, 120, 125, 127, 139
指の速い動き	100, 119-25
リズム	124
ゆっくりなテンポ	122-4
4の指	125-8
練習方法	130

指（右手）　「右手」を参照のこと
垂直運動	7
水平運動	8

指の圧力　「左手」を参照のこと
最小の圧力	104
重音	106
指の独立	103
指の動き（左手）	106-12, 116-8
指の速い動き	119-25
練習方法	122

指の動き（右手）　「右手」を参照のこと
指の準備	116, 130-4
指の叩き	108-12, 219, 220
指の縮め	144

指の付け根の関節	99, 103
ヴィブラート	216
指板に対する指先の角度	93
広げること	93-7, 125
反対方向への動き	95
指の動き	106-8, 138
指の速い動き	119-25
ゆっくりなテンポ	122-4
リズム	124

指を上げる　「指（左手）」を参照のこと
'ぼやけた' 音	120, 121
指を置き換える	162, 170-3
指を押さえておくこと	116-9
指を伸ばす（広げる）	97, 140-3

弓
インとアウト	22
おもなパターン	78-85
重みのかけ方	12
回転運動	27
傾き	38, 72, 75
聴こえない弓の返し	60
曲線	31, 65
毛の接点	25
駒に対して平行	20-22
駒に対する角度	8, 20
人差し指（右手）	5
竿と毛のしなり	35-6, 54, 55
自然なはずみ	70
長くゆっくり保つ（ソン・フィレを参照）	18
中弓での震え	6
7種類の角度	25
なめらかな弓の返し	60
配分	51-3
発音	40
ポイント・オブ・バランス	2, 4, 21
元と先での均衡	72, 78
弓の角度	22
弓のイン、アウト（角度）	22-3, 44-5, 50
スタッカート	65, 68
弓のイン、アウト（右腕）	17, 21
弓の毛	
接点	25
はずみ	35-6, 42, 65, 70
弓の重心がそろうポイント	2, 4
弓の速度　「音をつくる」を参照のこと	
弓の止め方	60
弓の持ち方	1
演奏中の調整	4
硬くなること	73
小指でバランスをとる	3
スタッカート	65
スピッカート	70
接点	5, 14
ソティエ	74
手の中での動き	70, 72, 74, 75
握りしめずに持つこと	4-5
這（は）う練習	5
はずませる	72
マルトレ	64
指を置く	2, 5
弓の回転運動	73
弓のバランス	4

弓を持つ手　「右手」を参照のこと

ヨースト、ゲイロード	108
4度（重音）	212-4
4の指（左手）	98, 113, 125-8
下へ向かっての伸ばし	98, 99, 101

り
リコシェ	74, 75
リラックスさせること	89, 104, 108
レガート	39-40, 55
練習方法	39
6度	137, 166, 180, 182, 184, 203, 206-8
ロマンチックなシフト	158-9

わ
和音	86-8
回転運動	87
サウンドポイントを変える	41
声部	86
指を置くタイミング	86

譜例索引

ヴィヴァルディ　Antonio Vivaldi
《四季》より〈冬〉op. 8 第4番 第1楽章 ……… 130

ヴィエニャフスキ　Henryk Wieniawski
《華麗なるポロネーズ》op.21 ……………………… 57
《ヴァイオリン協奏曲第2番》ニ短調 op.22
　　　　　　　　　　　　………… 63, 67, 73, 155

エルガー　Edward Elgar
《朝の歌》 ………………………………………… 39
《ヴァイオリン・ソナタ》ホ短調 op.82 …………… 161

カイザー　Heinrich Ernst Kayser
《エチュード》op.20 第3番 ……………………… 113

クライスラー　Fritz Kreisler
《プニャーニの様式による前奏曲とアレグロ》………… 57

グリーグ　Edvard Grieg
《ヴァイオリン・ソナタ》ハ短調 op.45 ……………… 39

クロイツェル　Rodolphe Kreutzer
《42のエチュード・カプリス》
　第2番 ………………………………… 52, 84, 130
　第4番 ………………………………………… 69
　第8番 ………………………………………… 61
　第10番 ………………………………… 188, 192
　第29番 ………………………………………… 27

サラサーテ　Pablo de Sarasate
《ツィゴイネルワイゼン》op.20 …………………… 36

サン＝サーンス　Camille Saint-Saëns
《序奏とロンド・カプリチオーソ》op.28 …………… 64

シベリウス　Jean Sibelius
《ヴァイオリン協奏曲》ニ短調 op.47 ……………… 52

チャイコフスキー　Pyotr Tchaikovsky
《ヴァイオリン協奏曲》ニ長調 ……………… 161, 201

ドヴォルジャーク　Antonín Dvořák
《ロマンス》op.11 ………………………………… 55

ハイドン　Joseph Haydn
《ヴァイオリン協奏曲第1番》ハ長調 Hob.Ⅶ-Ⅰ …… 203

パガニーニ　Nicolò Paganini
《ヴァイオリン協奏曲第1番》ニ長調 op. 6 ………… 74

バッハ　Johann Sebastian Bach
《ヴァイオリン・ソナタ第1番》ト短調 BWV1001 ‥ 229
《パルティータ》ニ短調 BWV1004 …………… 27, 51

ブラームス　Johannes Brahms
《ヴァイオリン協奏曲》ニ長調 op.77 …… 35, 167, 203
《ヴァイオリン・ソナタ第3番》ニ短調 op.108
　　　　　　　　　　　　………… 39, 148, 226
《ヴァイオリン・ソナタ》ト長調 op.78 …… 118, 143
《交響曲第2番》ニ長調 op.73 …………………… 188

ブルッフ　Max Bruch
《ヴァイオリン協奏曲》ト短調 op.26 第1楽章
　　　　　　　　　　　　………… 55, 137, 140, 191

ブロッホ　Ernest Bloch
〈ニーグン〉（《バールシェム》より第2番） …………… 113

ベートーヴェン　Ludwig van Beethoven
《ヴァイオリン協奏曲》ニ長調 op.61 ………… 129, 191
《ロマンス》ヘ長調 op.50 ………………………… 23

メンデルスゾーン　Felix Mendelssohn
《ヴァイオリン協奏曲》ホ短調 op.64 …………… 55, 76

モーツァルト　Wolfgang Amadeus Mozart
《アイネ・クライネ・ナハトムジーク》K525 ………… 113
《ヴァイオリン協奏曲第3番》ト長調 K216 ………… 116
《ヴァイオリン協奏曲第4番》ニ長調 K218 …… 69, 229
《ヴァイオリン協奏曲第5番》イ長調 K219 …… 69, 167
《シンフォニア・コンチェルタンテ》K364 ………… 69

ラロ　Édouard Lalo
《スペイン交響曲》op.21 ………………………… 119

● **著者プロフィール**

サイモン・フィッシャー（Simon Fischer）

　サイモン・フィッシャーはロンドンでイフラ・ニーマン、ニューヨークでドロシー・ディレイに師事した。彼の演奏活動は幅広く、英国の主要な交響楽団や室内楽団とのコンチェルトでの共演、コンサートマスターとしての演奏、映画のサウンドトラックやバッキングトラックの録音、BBCやウィグモア・ホールでのリサイタルなどが挙げられる。

　1981年より、学生の頃からジュニア部門で教えていたロンドンのギルドホール音楽院で教鞭を執る。さらに、1989年からはグラスゴーの王立スコットランド・アカデミーにおいても後進の指導を行う。1981～8年は、英国にある五つの音楽専門学校のうちの二つ、ウェルズ・カテドラル・スクールとパーセル・スクールの客員講師も務めた。

　世界中の音楽学生からの要望を受け、ヨーロッパ弦楽器指導者協会、米国弦楽器指導者協会、法人音楽家協会、英国近隣の音楽団体でマスタークラスを行っている。1991年から「ザ・ストラド」誌に掲載された「Basics」の記事は、世界中の注目を集め賞賛を受けた。

● **本書について**

　本書は、ヴァイオリニストのための練習や実習方法を集めたものです。本棚ではなく、譜面台に置いてください。コンサート・ヴァイオリニストから学生まで、どのレベルの演奏家でも使うことができます。また、ほとんどの練習は初歩の生徒へのレッスンにも適しています。

　それぞれの実習は、できるだけ短い時間で最大の成果を上げることを狙っています。なかには1～2回の練習で特殊なテクニックを取得できるものもあります。それ以外は、日々の練習やウォーミング・アップのための練習です。

　この本は、全編を通して弾いてみる、といった本ではありません（ただし、参照しやすくするために、各練習には通し番号が付けられています）。ヴァイオリニスト一人ひとりにとって必要な練習は異なり、自分に必要のない練習をすることは意味がありません。この本はとても効果の期待できるテクニック習得法が1冊に収められ、求めるテクニックを端的に学習できる非常に貴重な教材です。

　本書は、著者が「ザ・ストラド」誌に毎月執筆して高く評価された記事をもとに、現代のヴァイオリニストのために最も総括的な練習のあり方を1冊にまとめたものです。

この本を手に取ってくださった皆様へ

　私たち二人は同じ学校を卒業し、日本でも留学先の英国でも、同じ先生にヴァイオリンを学びました。そして、桐朋学園大学附属子供のための音楽教室において長年にわたり一緒に仕事をしてきた同僚であり友人でもあります。ある時偶然、二人とも同じ時期に、師事したイフラ・ニーマン先生の元で同門だった、サイモン・フィッシャーの『Basics』に出会いました。

　ヨーロッパのオーケストラで活躍している友人が、「この奏法は本当にこれでよいのかな、とか、もっとうまく弾ける方法はないだろうかと思った時は、『Basics』を見て基本を思い出して確認するんだ」という話をしてくれたことがあり、いったいどんな本なのだろうかと手に取ってみたのです。

　ヴァイオリンの技術について書かれた本は色々ありますが、このような本（まるで一家に一冊必携の医学書のヴァイオリン版！）は見たことがなく、生徒たちにも読ませてあげたいと思い、自分たちで翻訳することにしました。

　その後、月に何度か集まり、日本語に訳しながら『Basics』の練習方法を実践したり話し合ったりすることは、私たち二人にとって素晴らしい勉強になりました。ヴァイオリンという楽器は比較的幼い頃に始める人が多いため、基礎的な技術がまるでいつの間にか身についたかのように、先生に教わった時のことを忘れてしまう場合がよくあります（でも、習っていないのに弾けるはずはありませんね）。二人とも、初めてヴァイオリンを手にした時の気持ちになって、この本と一緒に一つひとつの細かいテクニックについて改めて取り組んでみました。それは子どものころを思い出す作業でもあり、また、新しい発見でもありました。

　「テクニック」とは、表現したい音楽を思いどおりに演奏するために必要な、大切な道具です。心を表すために言葉が必要であるように、よく磨かれた良い技術を持つと音楽の表現の幅を広げられるようになります。表現したいことがあるから技術が必要なのか、技術があるから表現できるのか…、鶏と卵のようですが、どちらが先であっても、どちらも譲れない、大切なものです。

　皆様の音楽を表現するために、この素晴らしい練習方法の数々が役に立つことを願っています。

2016 年夏　　　木村恭子、勅使河原真実

●訳者プロフィール

木村恭子（きむら・きょうこ）

　桐朋女子高等学校音楽科在学中に全日本学生音楽コンクール全国１位。卒業後、英国ギルドホール音楽院へ留学。同音楽院にてゴールドメダルおよびコンサート・リサイタル・ディプロマを授与される。カール・フレッシュ、ロドルフォ・リピツァー、モントリオールなどの国際コンクール入賞。鷲見三郎、辰巳明子、イフラ・ニーマンの各氏に師事。

　1996年より弦楽四重奏団「オブリオン・カルテット」の第１ヴァイオリン奏者をつとめ、ベートーヴェンの弦楽四重奏曲全17曲の演奏を達成。ミュージックセミナー in ゆうばり（旧リゾートセミナー in トマム）、かさまヴァイオリン・スクールの講師として招聘されている。

　現在、桐朋学園大学附属子供のための音楽教室、昭和音楽大学講師。

勅使河原真実（てしがわら・まみ）

　桐朋学園大学附属子供のための音楽教室にて６歳よりヴァイオリンを始める。桐朋女子高等学校音楽科を経て桐朋学園大学音楽学部演奏学科卒業。同大学研究科を修了。鷲見三郎、辰巳明子、ゲルハルト・ボッセの各氏に師事。以降、度々渡欧し、イフラ・ニーマン、ヘルマン・クレッバースの各氏に師事し研鑽を積む。大学在学中よりソロ、室内楽、オーケストラ、現代音楽の初演、ポップス、ジャズまで幅広い演奏活動を行う。現在は後進の指導に打ち込み、数多くの優秀な門下生を輩出している。

　日本学生ヴァイオリンコンクール審査員長をはじめ、多くのジュニア・コンクールの審査員を務めるほか、講師として国内外のマスタークラスに招聘されている。桐朋学園大学附属子供のための音楽教室、洗足学園音楽大学講師。アモローソ音楽院主宰。

皆様へのお願い
　楽譜や歌詞・音楽書などの出版物を権利者に無断で複製（コピー）することは、著作権の侵害（私的利用など特別な場合を除く）にあたり、著作権法により罰せられます。また、出版物からの不法なコピーが行われますと、出版社は正常な出版活動が困難となり、ついには皆様方が必要とされるものも出版できなくなります。
　音楽出版社と日本音楽著作権協会（JASRAC）は、著作者の権利を守り、なおいっそう優れた作品の出版普及に全力をあげて努力してまいります。どうか不法コピーの防止に、皆様方のご協力をお願い申し上げます。

株式会社 音楽之友社
一般社団法人 日本音楽著作権協会

ヴァイオリン Basics ベーシック
いつでも学べる基本練習300

2016年10月10日　第1刷発行
2021年 7 月31日　第4刷発行

著者　　サイモン・フィッシャー

共訳者　木村恭子、勅使河原真実

発行者　堀内久美雄

発行所　株式会社　音楽之友社
　　　　〒162-8716　東京都新宿区神楽坂6-30
　　　　電話　03-3235-2111（代）
　　　　振替　00170-4-196250
　　　　https://www.ongakunotomo.co.jp/

組版・装丁　杉井孝則
印刷　　　　共同印刷株式会社
製本　　　　株式会社ブロケード

乱丁・落丁本はお取り替えいたします。

本書の全部または一部のコピー、スキャン、デジタル化等の無断複製は著作権法上での例外を除き禁じられています。また、購入者以外の代行業者等、第三者による本書のスキャンやデジタル化は、たとえ個人や家庭内での利用であっても著作権法上認められておりません。

Printed in Japan
ISBN978-4-276-14462-0 C1073
Japanese Translation ©2016 by KIMURA Kyoko / TESHIGAWARA Mami